Ralf Miggelbrink

Der zornige Gott

Ralf Miggelbrink

Der zornige Gott

Die Bedeutung einer anstößigen
biblischen Tradition

Wissenschaftliche Buchgesellschaft

Dem treuen Freund
in herzlicher Verbundenheit
für
Clemens Brüggemann

Einbandgestaltung: Neil McBeath, Stuttgart.

Umschlagmotiv: Masaccio (Tomaso di Giovanni di Simone Guidi, 1401–1428):
„Die Vertreibung aus dem Paradies",
Fresko, Florenz, Chiesa del Carmine, Capella Brancacci.
Photo: AKG, Berlin.

Die Deutsche Bibliothek – CIP-Einheitsaufnahme
Ein Titeldatensatz für diese Publikation ist bei
Der Deutschen Bibliothek erhältlich.

© 2002 by Wissenschaftliche Buchgesellschaft, Darmstadt
Gedruckt auf säurefreiem und alterungsbeständigem Papier
Printed in Germany

Besuchen Sie uns im Internet: www.wbg-darmstadt.de

ISBN 3-534-15582-3

Inhalt

Einleitung

Dieses Buch habe ich geschrieben als Beitrag zur Überwindung eines sonderbaren Widerspruches im Leben und Denken der Christen: Auf der einen Seite bemerken Menschen heute erstaunt, dass die Bibel als die *norma normans* christlichen Glaubens ein Buch voller Gewalttaten ist und dass der biblische Gott nicht nur am Rande, sondern ganz zentral bestimmt zu sein scheint durch seinen *Zorn*. Auf der anderen Seite sind die kirchliche Verkündigung und der Religionsunterricht bestimmt durch das Anliegen, die Liebe und Menschenfreundlichkeit Gottes exklusiv in das Zentrum der christlichen Gottesrede zu stellen. Dieser sonderbare Gegensatz veranlasste den Psychologen Franz Buggle zu dem konstatierenden Buchtitel „Denn sie wissen nicht, was sie glauben"[1]: Zeitgenössische kirchlich-religiöse Rede von Gott scheint weite Teile der Bibel fortgesetzt zu ignorieren, was zugleich bedeutet, dass diese Teile der Bibel dem Auslegungsmonopol unreflektierter Vorurteile überlassen werden.

Ich gehe davon aus, dass diese selektive Wahrnehmung der eigenen Tradition darauf beruht, dass vergangene Versuche, die biblische Rede vom zornigen Gott in das eigene Glaubensleben zu übersetzen, gescheitert sind. Eine vielen noch als schreckliche Erinnerung gegenwärtige gescheiterte Form der Übersetzung biblischer Rede vom Zorn Gottes in den Lebenszusammenhang wurde in der religiösen Erziehung der Nachkriegszeit unternommen: Der zornige Gott, dessen Verkündiger auf die Kriegserfahrungen verweisen konnten, wurde zum Drohinstrument bei der Indoktrination mit bigotter Frömmigkeit und skrupulanter Moralität. Für viele, die diese Erziehung am eigenen Leibe erlitten haben, wurde die hart errungene Erkenntnis von der unbedingten Liebe, Güte und Menschenfreundlichkeit Gottes zur entscheidenden religiös-spirituellen Befreiungserfahrung ihres Lebens. Wurde es im Lichte dieser Botschaft doch endlich möglich, mit Selbstrespekt, Liebe und Geduld das eigene Leben anzunehmen[2], was ja zugleich eine Möglichkeits-

---

[1] F. Buggle, Denn sie wissen nicht, was sie glauben. Oder, warum man redlicherweise kein Christ sein kann. Eine Streitschrift, Reinbek 1992.

[2] K. Frielingsdorf, Dämonische Gottesbilder. Ihre Entstehung, Entlarvung und Überwindung, Düsseldorf 1992.

bedingung dafür ist, dass ein Mensch anderen Menschen mit ähnlicher Grundhaltung begegnen kann. Wo Menschen mit einer solchen Erfahrungsgeschichte Verantwortung in Pastoral und Erziehung übernehmen, versuchen sie, ihre religiöse *Schlüsselerfahrung* von der Güte und Menschenfreundlichkeit Gottes weiterzugeben. In einem veränderten Kontext aber verliert diese Botschaft ihre Faszination: Gottes unbedingte Güte erscheint wie eine nicht gefragte, aber allenthalben von Pfarrern und Lehrern angebotene und hinterhergetragene Überaffirmation jedweden menschlichen Lebens. Eine solche wird gewünscht und abgerufen bestenfalls dann, wenn die alltäglichen Selbstaffirmationen lebensgeschichtlich versagen.

Ich will hier keineswegs dafür werben, in dieser Situation aus pastoralstrategischen Gründen in den alten Methodengiftschrank zu greifen und nach den Mitteln der Angst und Einschüchterung zu suchen, mit denen man dem modernen Menschen seine selbstbewusste Mündigkeit schon wieder werde madig machen können. Es geht mir darum, die Frage des Menschen nach dem Heil, das Christen als Werk des biblischen Gottes bezeugen, wieder auf das biblische Zeugnis von Gott auszurichten. Nur so kann ja vermieden werden, dass Menschen unter dem Begriff des Heils den Kult ihrer eigenen Phantasien und Sehnsüchte pflegen. Nur so besteht ja die Chance zu zeigen, dass die biblische Heilsbotschaft einen Erkenntnisüberschuss besitzt gegenüber dem, was Menschen für sich auch immer schon „fein und lustig" finden, wie Karl Barth spottete. Wenn aber in das christlich-jüdische Urdokument eines von Gott den Menschen verheißenen Heils die Botschaft vom Zorn Gottes so tiefe Spuren hinterlassen hat, dann kann es keine Frage nach der biblischen Verheißung des Heils Gottes für die Menschen geben, die nicht auch nach der Antwort suchte auf die Frage, was es denn mit der Rede vom Zorn Gottes auf sich habe. In diesem Buch soll auf diese Frage eine Antwort gesucht werden.

Das aber setzt voraus, dass der Bibel nicht mit einer mehr oder weniger aprioristischen Theorie begegnet wird, sondern dass in einer systematisch-theologischen Untersuchung die biblische Rede vom zornigen Gottes selbst wahrgenommen wird.

Es wird deshalb zunächst in einem ersten *bibeltheologischen Teil* der Versuch unternommen, die vielgestaltige biblische Rede vom zornigen Gott nachzuzeichnen. Die Darstellung beginnt mit den frühen Ursprüngen des Motivs. Sie beschreibt die Systematisierung des Gedankens in der Schriftprophetie und im deuteronomistischen

Geschichtsdenken. Sie skizziert sodann die innerbiblische, alttestamentliche Opposition gegen die Verkündigung eines zornigen Gottes. Schließlich müssen noch die weisheitlichen und apokalyptischen Formen der Rede vom zornigen Gott als Vermittlungsformen in den Blick genommen werden. Vor diesem Hintergrund wird die neutestamentliche Rede vom zornigen Gott untersucht.

Der Rahmen des Bändchens verbietet einen allzu detaillierten Blick auf die *Theologiegeschichte des Gotteszorns im zwanzigsten Jahrhundert*. Ein solcher wird im II. Teil deshalb hier nur insofern geboten, als seine Ergebnisse für den dritten Teil unabdingbar sind.

Im III. Teil wird eine Skizze gegenwärtiger, verantworteter Rede vom zornigen Gott als Gestalt christlicher Heilsverkündigung entworfen.

I. Ursprung, Geschichte und Wandel des biblischen Motivs vom zornigen Gott

1. Anfänge des Zorn-Gedankens

Fragt man nach Vor- und Frühgeschichte des biblischen JHWH-Glaubens zurück, so lassen die biblischen Texte als Ursprung des JHWH-Namens eine Stammesgottheit des zweiten vorchristlichen Jahrtausends erahnen, die kämpfend und mit den Waffen einer Wetter- und Sturmgottheit für ihre Leute eintritt. In diese Richtung deutet auch die wahrscheinliche Ableitung des JHWH-Namens vom hebräischen *hawwâ* (= wehen).[1] Der Zorn passt als Eigenschaft zum Sturmgott, ist doch die schnaubende Nase das Organ des Zornes.[2]

Als mit den Waffen des Wettergottes Kämpfender tritt JHWH bei der religiösen Urerfahrung Israels, dem Exodus, in Erscheinung: Der *kämpferische Wüstengott* steht gegen die *ägyptischen Staatsgötter*. Sein Kampf gilt dem überraschenden Sieg der Unterlegenen, dem Davonkommen der hoffnungslos Ausgelieferten. Das Mose-Lied (Ex 15,1–19) gestaltet genau diesen Kontrast zwischen der pharaonischen Militärmacht (Rosse, Wagen, Streitmacht, Kämpfer, Gier, Schwert) einerseits und der die Schwachen rettenden Macht JHWHs andererseits. Die Instrumente der Macht JHWHs sind mit dem Meer und dem Sturm Naturelemente. Das Motiv JHWHs aber ist sein Zorn (V. 7f.). V. 8 und 10 des Mose-Liedes verknüpfen *Motiv* (= Zorn) und *Instrument* (= Sturm) durch die auffällige Verwendung desselben Verbs: „*'nf*", das die Einheitsübersetzung mit „*schnauben*" übersetzt. Diese Übersetzung ist wegen der hebräischen Synonymie von Nase und Zorn besonders gelungen. Als theologischer Sinn aber ergibt sich aus der Verknüpfung von rettendem Wind und schnaubendem Zorn folgender Gedanke: Die überraschende befreiende Kraft JHWHs (*Sturm als Instrument des Kamp-*

---

[1] O. Kaiser, Der Gott des Alten Testaments. Wesen und Wirken. Theologie des Alten Testaments. Teil 2: Jahwe, der Gott Israels, der Schöpfer der Welt und des Menschen, Göttingen 1998, S. 79–81.

[2] Der hebräische Begriff „*'af*" bezeichnet die Nase. Zugleich ist der Begriff die am häufigsten verwendete Bezeichnung für „Zorn".

fes) hängt auf das Engste zusammen mit seinem leidenschaftlichen Engagement gegen die Unterdrückung (*Zorn als Gemütszustand*), ja, beides erscheint als *eine Tätigkeit.* Die Befreiten trennen nicht zwischen ihren Motiven und ihren Mitteln. Ihre Erfahrung ist gerade, dass die gottgeschenkte Motivation zu einem Leben in Freiheit die Kraft ihrer Verwirklichung mit sich führt.

Im Mose-Lied des Exodusbuches erscheint beides: die ursprüngliche wutschnaubende Wildheit des Wüstengottes JHWH und die Befreiungsinspiration dieses Gottes, der nicht einfach nur wild ist wie der ägyptische Seth, sondern dessen Wildheit zum Instrument wird gegen den Zynismus der altorientalischen Supermacht Ägypten für die Befreiung aus Sklaverei.

An vielen Stellen des Alten Testamentes aber begegnen auch noch Spuren der ursprünglichen, theologisch noch nicht systematisierten Zorneswildheit JHWHs: Jakob wird nächtens von einem feindlichen Fremden überfallen, mit dem er auf Leben und Tod ringen muss und den er im Nachhinein als Elohim selbst erkennt (Gen 32,31). Auch dem Mose tritt JHWH entgegen „und wollte ihn töten", ohne dass ein rationaler Grund dafür erkennbar ist (Ex 4,24). Usa gar wird Opfer des Zornes JHWHs, als er einen Unfall der Lade Gottes zu verhindern versucht, dabei jedoch die Lade berührt (2 Sam 6,6–9), ohne die in 1 Sam 7,1 erwähnte Weihe zu diesem Zweck zu besitzen.

In alten vorjahwistischen Erzählstoffen erscheint JHWH gar als Konkurrent des Menschen, der den Menschen bekämpft, um den eigenen Vorrang zu wahren.[3] In vielen Texten des Alten Testamentes hält sich die Spur einer ängstigenden Unberechenbarkeit JHWHs.[4] Walter Groß spricht von einem „rätselhaften Überschuss an Negativität im Handeln Gottes", das sich der Systematisierung verweigere.[5] So wahr diese Einsicht ist, so deutlich ist aber auch, dass der Zorn Gottes als die durch *Absicht und Aktivität gekenn-*

---

[3] Z.B.: Gen 3,22; Gen 6,3; Gen 11,7; Ps 90,7.

[4] W. Groß, Das verborgene Gesicht Gottes. Eine alttestamentliche Grunderfahrung und die heutige religiöse Krise, in: P. Hünermann (Hrsg.), Gott – ein Fremder in unserem Haus? Die Zukunft des Glaubens in Europa, Freiburg 1996 (= QD 165), S. 65–77.

[5] W. Groß, Das verborgene Gesicht Gottes. Eine alttestamentliche Grunderfahrung und die heutige religiöse Krise, in: P. Hünermann (Hrsg.), Gott ein Fremder in unserem Haus? Die Zukunft des Glaubens in Europa, Freiburg 1996, S. 65–77, S. 69.

zeichnete Form göttlicher „Negativität" gegenüber dem Menschen im Alten Testament sehr wohl zum Gegenstand systematisierender Theologien wurde.

Am folgenreichsten war die Systematisierung des Gedankens von der unberechenbaren, starken, willentlichen und aktiven Negativität Gottes, wie sie in der schriftprophetischen Tradition seit Amos entwickelt wurde.

2. Systematisierung des Zorn-Gottes-Gedankens in der Schriftprophetie

a) Ohne Recht und Gerechtigkeit gibt es keinen Bestand

Amos richtet um 760 im israelischen Nordreich, insbesondere in Samaria und Bet El, seine Gerichtsbotschaft aus: Ohne Zorn und ohne Erbarmen Gottes naht für Israel das Ende seiner Geschichte als definitives Strafgericht Gottes über sein Volk: JHWH wütet selbst gegen sein Israel in den Gestalten von Heuschreckenplage und Feuerregen (Am 7,1–6) und als Auslöser eines kosmischen Bebens, das ausgerechnet vom Altar des Tempels in Bet El seinen Ausgang nimmt (Am 9,1–4). Das Symbol der Verbundenheit mit dem Gott der Erwählung wird zum Ausgangsort des gottgewirkten Untergangs. Am 9,4b unterstreicht diese Verkehrung und bildet in der Versgestalt das Überraschende der Wende ab: Was in der ersten Vershälfte wie ein Heilsverhalten JHWHs erscheint, erweist sich in der zweiten Vershälfte überraschend als die Quelle des Unheils für Israel:

> „Ich habe meine Augen auf sie gerichtet
> zu ihrem Unheil, nicht zu ihrem Glück."

Diese radikale Verkehrung des Handelns JHWHs gründet in der Verkehrung, die Israel mit der von JHWH geschenkten Rechtsordnung (*mîšppât*) vorgenommen hat: Was bestimmt war, jedem in Israel Leben und Auskommen zu ermöglichen, den Platz der Armen in der Gesellschaft zu verteidigen, die Begierde als Prinzip ökonomischen Handelns abzuwehren, das wurde zum Instrument der Gier. Vor Gericht erstreiten sich die Reichen unter Berufung auf das Recht das, wessen die Armen zum Überleben bedürfen.

Den ökonomischen Hintergrund dieser religiös-moralischen Katastrophe bildet die an der Logik der Besitzvermehrung orientierte Gesellschaft des 8. Jahrhunderts. Die durch Erbteilung verursachte

Ungleichheit des Grundbesitzes sowie die Privilegierung höfischer Beamter mit unteilbaren Krongütern hatte zur Folge, dass sich eine Latefundien besitzende Oberschicht herausbildete, die in den Städten lebte und deren Wohlstand sie Bedürfnisse nach importierten Luxuskonsumgütern entwickeln ließ. Ihr Wohlstand muss erarbeitet werden durch die ländliche Bauernbevölkerung, die zunehmend in Verschuldung gerät und durch die Zinslasten gezwungen ist, den Ertrag der eigenen Arbeit an die städtischen Großgrundbesitzer abzugeben. Am Ende der Verschuldungsprozesse steht die gänzliche Übernahme des eigenen Besitzes durch die Kreditgeber (Bauernlegen).[6] Diese Verkehrung der gottgewollten Lebensordnung bedient sich des Rechts als eines Instrumentes, mit dessen Hilfe der Vorrang eines zum Rentenkapital entarteten Eigentums durchgesetzt wird gegenüber dem Recht jedes Menschen, sich durch seiner Hände Arbeit ein Leben in Würde vor Gottes Angesicht zu schaffen.

Amos bringt diese Pervertierung des Rechts in plastischer Bildrede zum Ausdruck. Das Recht dient einem ihm wesenswidrigen Ziel:

> Rennen Rosse über Felsen?
> Oder pflügt man mit dem Rind das Meer?
> Doch ihr verwandelt die Leben spendende Rechtsordnung in Gift.
> Und die Frucht der Rechtschaffenheit in bitteren Wermut. (Am 6,12)

Die Rechtsordnung aber ist für Amos nicht die Spielregel, nach der Menschen ihr Gegeneinander organisieren. Der gemeinsamen *Rechtsordnung* (*mîšppât*) entspricht die *Gemeinschaftstreue* (*s^edâqâh*), die den Einzelnen an die Gemeinschaft des ganzen Volkes bindet. Der Gegenbegriff zu Rechtschaffenheit als Gemeinschaftstreue ist *Sünde*. Sünde aber bezeichnet als hebräisches „*pæša'*" bei Amos nicht eine Gesinnungswirklichkeit, sondern einen manifesten *Bruch der Gemeinschaft* mit dem Volk, einen Verstoß gegen den Zusammenhalt jener Gemeinschaft, die Gottes Lebensordnung verwirklichen soll. Die Sünde widerstrebt den inkludierenden, gemeinschaftsbildenden und -bewahrenden Kräften. Mit ihr setzt sich das *Exklusive* durch, das Streben nach *Abgrenzung* gegenüber den anderen und nach *Ausgrenzung* anderer.

---

[6] G. Fleischer, Von Menschenverkäufern, Baschankühen und Rechtsverkehrern. Die Sozialkritik des Amosbuches in historisch-kritischer, sozialgeschichtlicher und archäologischer Perspektive, Frankfurt 1989.

Die Zornankündigung bekommt vor diesem Hintergrund ihre Plausibilität: Jenseits der von JHWH gewollten und erklärten Lebensordnung der Gemeinschaft *gibt es kein Leben*. Das beruht nicht auf einer willkürlichen Despotie Gottes, der den Menschen eine ihnen fremde Ordnung aufzwingt. Amos realisiert vielmehr hellsichtig, dass ein Gemeinwesen, das auf den Fundamenten der Gier und des exklusiven Individualismus aufruht, keinen Bestand hat. Mit dem Gemeinwesen aber bricht die Lebensgrundlage aller weg. Das Gemeinwesen aber gründet im Heilswillen Gottes. Bricht das Gemeinwesen zusammen, so offenbart sich darin der Zorn Gottes.

b) Recht und Gerechtigkeit entspringen nur der Treue zu JHWH

Hosea, der zwischen 750 und 722 im Nordreich auftritt, entfaltet seine Gerichtsbotschaft *theologischer* als Amos: Der Metaphernkomplex von Liebe, Ehe und Treue wird vom Propheten genutzt, um die exklusive Bindung des Exodusvolkes an den Gott seiner Erwählung zu gestalten: Als Israel jung war, gewann JHWH es lieb (Hos 11,1), hegte er es wie ein Bauer seine Jungkuh (10,11 ff.). Doch Betrug, Mord, Diebstahl und Ehebruch (Hos 4,2), Götzendienst (4,11; 9,2), Ahnenkult[7], Baalsverehrung (11.2.7) und eine allgemeine Entethisierung des JHWH-Kultes haben das Volk von den Intentionen des Exodusgottes entfernt. Diese Untreue Israels fasst der Prophet im Begriff der verweigerten *ḥæsæd*. Israel verweigert dem Gatten JHWH, was die Ehepartner von Rechts wegen einander schulden: *ḥæsæd* als wechselseitige wohl wollend-freundliche Geneigtheit. So verfällt es dem Rechtsstreit (*rîb*) mit JHWH (Hos 4,1 f.).

Der Zorn Gottes sucht Israel heim: Das Land verdorrt, seine Bewohner verwelken, Tiere und Vögel gehen zugrunde (Hos 3,4). Die Menschen verlieren ihren Halt, werden wie Spreu und Rauch (13,3), Krieg schließlich sucht alle heim (14,1). Hosea entwirft ein nachvolllziehbares Szenario des Unterganges: JHWHs Tora ist nicht irgendein Gesetz, sondern das der Schöpfung eingestiftete Gesetz des Lebens. Wo dieses Gesetz missachtet wird, ist der Tod die sachlogisch selbstverständliche Konsequenz.

---

[7] Als solcher sind wohl die Hos 4,13 erwähnten „Höhenkulte" zu deuten: H. Niehr, Aspekte des Totengedenkens im Juda der Königszeit. Eine Problemskizze, in: ThQ 178 (1998), S. 2–13; S. 8 f.

Aber Hosea belässt es nicht bei diesem sachlogischen Szenario, das im Sinne moderner Zweck-Mittel-Rationalität missdeutbar wäre. Die Einsicht in den Zusammenhang von Tora und Leben lässt sich nicht im instrumentellen Sinne zu einem hypothetischen Imperativ umkehren: Wenn du das Prosperieren deines Volkes willst, dann befolge die Tora. Gerade die Ehemetapher ermöglicht es dem Propheten in diesem Kontext, JHWH als bedeutsame Größe einzufügen. Zwar handelt JHWH offensichtlich immer nur durch Zweitursachen, jedoch ist er als der betrogene Gatte die eigentliche Ursache des kommenden Übels: Er wird zum Panther, der willentlich Israel am Wege auflauert und es zerreißt (Hos 13,7). Die geforderte Treue zu JHWH lässt sich durch kein strategisches Verhalten substituieren. Unerlässlich ist *der kategorische Imperativ* der exklusiven und treuen Bindung an JHWH als der primären Voraussetzung dafür, dass die Tora sich als das entfalten kann, was sie ihrem Wesen nach ist: Ermöglichungsgrund von Leben, Frieden und Bestehen der Gemeinschaft.

Der Zorn Gottes erscheint bei Hosea also in der bedeutsamen Funktion, die *theologische Tiefenstruktur* allen ethischen Verhaltens als Möglichkeitsbedingung seines Gelingens einzuschärfen. Nicht aus strategischen Gründen müssen die Gebote befolgt werden, vielmehr können sie nur als *unbedingt* beachtete verhindern, was sich aus strategischer Rationalität heraus niemals verhindern lässt.

c) Der Krieg als Gestalt des Zornwütens JHWHs

Wie Amos konstatiert Jesaja zwischen 740 und 690 v. Chr. in Jerusalem die sorglose Prasserei einer Landbesitz akkumulierenden Schicht von Besitzenden (Jes 5,8) im Kontrast zum Elend der gerade auch mittels der Rechtsprechung (Jes 10) enteigneten Landbevölkerung (Jes 22). Die exklusive Bindung an den ethisch durchdrungenen JHWH-Kult ist aufgeweicht zugunsten des unbekümmerten Synkretismus, der die Religion in den Dienst des Einzelnen und seiner Bedürfnisse und Interessen stellt. Der Kult wird zu einem auf Selbstbestätigung finalisierten Treiben, dem jede ethischkorrektive Kraft fehlt (Jes 1,10–17). Wie Amos und Hosea sieht Jesaja die Lebensgrundlage des Volkes zerstört. Das kommende Zorngericht JHWHs nimmt bei Jesaja die konkrete Gestalt eines innergeschichtlichen Kriegswütens an: JHWH stürmt heran im Feuer, um zu zertreten, zu zerstampfen, zu vernichten (34,1; 63,3), bis die Leichen „auf den Gassen wie Abfall" (5,25) liegen. Hier erweist sich Jesaja als Kenner der militärstrategischen Lage, der die assyrische Bedrohung Israels realistisch einschätzt. Er warnt vor dem Fehlurteil, ein Militärbündnis mit dem syrisch-efraimitischen Reich könne die Bedrohung abwenden (Jes 1,4; 5,19.24; 10,20; 37,23). Die nahende Katastrophe des Nordreiches (722) ist durch nichts mehr abzuwenden. Deshalb tritt Jesaja als Verstockungsprophet auf. Sein Gerichtswort ist nicht Umkehrappell, sondern Moment am bereits anrollenden Gericht JHWHs.

Was wie bloßes Chaos und absoluter Untergang aussieht, ist für Jesaja jedoch immer noch Moment am Handeln JHWHs, der die Weltgeschichte der Völker lenkt, und nicht bloß die Geschichte Israels. Mit dieser Grundüberzeugung tritt Jesaja bis an die Schwelle eines universalistischen Verständnisses JHWHs.[8] Es gibt kein gelingendes Leben ohne die Befolgung der Tora. Dies ist die Wahrheit der Weltregentschaft JHWHs. Diese Wahrheit setzt JHWH in der Geschichte durch.

Auch der in der Spätphase Joschijas (641–609) in Jerusalem auftretende Zefanja lässt den Zorn JHWHs in der Gestalt des Krieges erscheinen. Ähnlich wie Jesaja verbindet auch Zefanja Kriegsmotive mit Theophaniemotiven (Zef 1,15ff.). Der Tag der Zerstörung und Verwüstung Jerusalems ist in der Terminologie des Zefanja der „Tag JHWHs", den Zefanja als unmittelbar bevorstehend gestaltet und der bei ihm auch „Tag des Zornes JHWHs" heißt. Am Tag des Herrn bricht der Krieg vom Fischtor und vom Mörser her in die Stadt Jerusalem ein (1,10f.). Er vernichtet die Kaufleute und Silberwäger (1,11) und alle, die der Überzeugung sind, JHWH tue weder Gutes noch Böses (1,12b). Insbesondere die Führer, Fürsten, Richter, Propheten und Priester werden heimgesucht (3,3–4). Umgekehrt überlebt ein Rest in Jerusalem, der „demütig und gering" seine Zuflucht sucht beim Namen JHWHs (3,11–13).

Jesaja und Zefanja zeigen mit ihrer Deutung des Krieges, wie nahe sich in der prophetischen Zornpredigt historisch-politische Analyse und theologische Deutung berühren. Was die Propheten an Gefährdung in der außenpolitischen Situation Judas wahrnehmen, deuten sie dezidiert nicht strategisch, sondern vielmehr auf der Grundlage der religiös gegründeten Überzeugung, dass von strategi-

---

[8] W. Groß, Die Krise des YHWH-Volk-Konzepts im Jesajabuch, in: E. Zenger (Hrsg.), Der Neue Bund im Alten. Zur Bundestheologie der beiden Testamente, Freiburg 1993, S. 149–168, hier: S. 151–160.

schem Handeln kein Friede zu erwarten ist. Friede kann nur einer Lebensordnung der Gerechtigkeit entspringen. Dies ist für Jesaja und Zefanja keine Stereotype einer wirklichkeitsfernen Sonntagspredigt, sondern gefordertes Prinzip der politischen Alltagsvernunft in Innen- und Außenpolitik.

d) Jeremia – der Zorn Gottes als das Schicksal des Propheten

Wie die Schriftpropheten vor ihm weiß Jeremia Juda unmittelbar vor der Zerstörung Jerusalems den Zorn Gottes anzusagen. Wie Hosea spricht er von der gebrochenen Brauttreue Jerusalems (2,2–3. 20.23–25.32 f.). Die Abkehr von der ethisch anspruchsvollen JHWH-Treue des Exodus realisiert sich einerseits in der Hinwendung zu Fruchtbarkeits- (Jer 2,20), Astral- (19,13; 32,29) und Ahnenkulten, andererseits in der Ausbeutung der Armen (Jer 2,34). Die Hirten des Volkes versagen in diesem Prozess schmählich: Der König vergisst seine ureigenste Aufgabe, als das „Recht der Armen" das Leben derer zu sichern, die im naturwüchsigen ökonomischen Prozess unterlegen sind.[9] Die Priester suchen nicht mehr JHWH (2,8), sondern widmen sich der kultischen Suggestion von Geborgenheit durch Gottes Nähe (7,10), die Propheten verkünden Heil und das Ende des babylonischen Joches (Jer 28). Jeremia dagegen verkündet JHWH als einen „Gott der Ferne" (Jer 23,23 f.). Religiöse Wirklichkeitsverbrämung weist er auf der Basis realistischer Analyse der politischen Lage zurück. Jeremia hat keine Heilszusage für ein Volk, das sich der entscheidenden Möglichkeitsbedingung von Heil, der Treue gegen den Anspruch JHWHs, verweigert.

Jeremia sieht die irreversible Katastrophe des Staates Israel kommen. Dabei verbinden sich nüchterner politischer Sachverstand und theologische Deutung: Die Babylonier und ihr König, ihre militärische Überlegenheit und die grausamen Begleiterscheinungen einer Strafexpedition der Babylonier (Krieg und Pest: 18,21; Zerstörung Jerusalems: 6,2; 26,18; Ermordung und Deportation der Jerusalemer: 26,9; Verwüstung des Landes: 12,12 f.; Zerstörung des Lebensraumes: 7,20) deutet Jeremia als die Waffen des Zornes JHWHs.

Jeremia betätigt sich in einer politischen Situation als Gerichts- und Umkehrprophet, als Jerusalem durch die strategisch-politischen Konstellationen der Jahre zwischen 609 und 593 sich immer wieder

---

[9] M. Schwantes, Das Recht der Armen, Frankfurt 1977.

der Illusion hingab, die babylonische Gefahr werde überwunden und das Tributjoch der Babylonier lasse sich noch abschütteln. In einer optimistischen Epoche der Heilspropheten weiß sich Jeremia durch JHWH zur Unheilsprophetie verpflichtet. Der Zorn JHWHs, als dessen Instrument der Prophet auftritt, der das Gericht vollmächtig ankündigt und der so zum Instrument des Gerichts wird, erfüllt Jeremia. Der Prophet wird so durch den Zorn getroffen, ehe der Zorn das Volk trifft. Diese Erfahrung thematisiert Jeremia, der sich neben seiner Verkündigung des volk- und staatsbezogenen Willens JHWHs in einer neuen und bemerkenswerten Weise interessiert zeigt am Schicksal des Einzelnen:

> „Ich sitze nicht heiter im Kreis der Fröhlichen,
> von deiner Hand gepackt, sitze ich einsam;
> denn du hast mich angefüllt mit deinem Vernichtungszorn." (Jer 15,17)

In einer Zeit des fröhlich-optimistischen Heilsindividualismus erfährt sich der Prophet, der im Dienst der alten Intuitionen volkhaften Heils steht, um dieser JHWH-Treue willen als absolut isoliert und also ‚volklos‘. Zugleich aber ist die individuelle Perspektive auch Jeremia inzwischen so vertraut, dass dieser Zustand des volklos gewordenen Propheten des Volkes von ihm als individuelles Leiden thematisiert wird. Ja, es erscheint bereits die nachstaatliche Heilsperspektive, die sich nicht mehr mit den alten Heilsgaranten von König, Priestern und Tempel verbindet. Das Ende der staatlichen Existenz Israels ist im Zorn JHWHs beschlossen. Wie der Töpfer an der Scheibe zerstört JHWH das missratene Werk (Jer 18,1–17). Jedoch enthält JHWHs Vernichtungshandeln eine heilshafte Perspektive. Dieses gegensätzliche Zueinander artikuliert das Trostbüchlein des Jeremia (Jer 30f.) als gegensätzliches Zueinander von zwei Verbgruppen:

> „Wie ich über sie gewacht habe,
> *um auszureißen und einzureißen, zu zerstören, zu vernichten und zu schaden,*
> so werde ich über sie wachen, um *aufzubauen* und *einzupfanzen*."
> (Jer 31,28)

Jeremia bringt diese heilshafte Perspektive in dem für sein Auftreten typischen Symbolhandeln zum Ausdruck, indem er kurz vor der von ihm angekündigten Zerstörung Jerusalems einen Acker erwirbt und an den Kauf das Heilswort knüpft:

> „Man wird wieder Häuser, Äcker und Weinberge kaufen in diesem Land."
> (Jer 32,15)

JHWHs letztes Wort ist nicht die Zerstörung Israels, denn JHWHs Zorn ist Ausdruck seiner Liebe für dieses Volk: JHWH muss sich Efraims erbarmen, denn seine Eingeweide rumoren für ihn (Jer 31,20).

e) JHWHs Eifersucht als Quelle des Zorns?

In drastisch anthropomorpher Sprache entwirft Jeremia in Vers 31,20 ein Bild der Tiefenstruktur des Gotteszornes:

> „Deshalb schlägt mein Herz für ihn [Efraim], /
> [wörtlich: meine Eingeweide rumoren für ihn]
> ich *muss* mich seiner erbarmen."

Wie ist dieser Zusammenhang von Liebe und Gewalt zu denken? Die Alltagserfahrung lehrt, dass Zorn und Gewalt mit der Eifersucht als dem dunklen Begleiter der Liebe einhergehen: Dem Ausbruch der Eifersuchtsgewalt folgt das reuig-sehnsuchtsvolle Bemühen um Wiederherstellung der Liebe. Die Eifersucht JHWHs (Ex 20,5) hat ihren Platz als biblische Metapher für den exklusiven Verehrungsanspruch des Exodusgottes gegenüber den Götzen Israels. Aber legitimiert ein solch exklusiver Verehrungsanspruch den Gewaltexzess der Zerstörung eines Staates? Warum unterliegt JHWH nicht den Einschränkungen seiner Eifersuchtsgewalt, die wir jedem Ehegatten abverlangen, weil wir es zu Recht als unmoralisch ansehen, wenn er seinen Treueanspruch gegenüber der Ehefrau über das Recht der Frau auf Leben und körperliche Unversehrtheit stellt? Erklärte man die Eifersucht JHWHs im Verhältnis zur illegitimen Eifersucht des Menschen alleine deshalb für legitim, weil JHWH der mächtigere ist, so betriebe man im Namen des biblischen Gottes die Apotheose der schieren Willkür des Überlegenen[10]: Der in seiner Transzendenz übermächtige JHWH motiviert

---

[10] Eine Spur in diese Richtung legt der biblische Gebrauch von Zornesterminologie: Von den Zornverben des Alten Testaments haben 375 Gott zum Subjekt, nur 80 dagegen den Menschen (J. Fichtner, Der Zorn Gottes im Alten Testament, in: ThWNT V [1954], S. 395–410, S. 411). Zornesterminologie wird, insofern sie auf den Menschen als Subjekt bezogen ist, dabei durchweg mit einer negativen moralischen Bewertung versehen (E. Johnson, *'anaf*, in: ThWAT I (1973), S. 377–389, S. 384), so dass sich der Schluss des Elihu nahe legt (Ijob 36 f.), dass Gott *wegen* seiner Macht, Größe und Überlegenheit der moralischen Bewertung, der der Mensch unterliegt, ent-

fremde Völker zum Vernichtungshandeln gegen Israel. So handelt er maßlos wie der Eifersüchtige, der blind vor Zorn zu jedem Schreckensmittel der Bestrafung greift, um mit dem Verrauschen des Zornes reuig um Liebe zu buhlen.

Die Verbindung aber, die Jeremia zwischen Liebe und Zorn sieht, ist eben nicht die der Eifersucht. Der Untergang der staatlichen Ordnung in Jerusalem ist zwangsläufig und unausweichlich. Er ergibt sich aus der von Menschen zu verantwortenden Zerstörung der Grundlagen heilvollen staatlichen Zusammenlebens. Er ist kein willkürlich verhängtes Strafübel, sondern eine sachlogische Konsequenz des Zerfalls der von Gott geschenkten Lebensordnung. Das im Untergang durchgehaltene Bekenntnis zur Liebe JHWHs, ja, das Vertrauen, dass der Untergang noch die Verheißung eines Neuanfanges birgt, ist Jeremias Bekenntnis zu der inspirierenden und rettenden Kraft JHWHs, der Jeremia zutraut, dass sie auch den Zusammenbruch der gesamten Lebenswelt überleben wird.

So erscheint JHWH in einer doppelten Rolle: Als der Herr der Welt, als der er mit dem prophetischen Monotheismus und der zugespitzten Einsicht in die Transzendenz Gottes mehr und mehr erkannt wird, ist er der Bestätiger des Zusammenbruches Judas mit allem, was der Zusammenbruch eines Staates an schrecklichen Folgen mit sich bringt. Hier erscheint Gottes Macht als *potentia Dei ordinata*, als Macht, die gebunden ist an das Gesetz der Schöpfung, das er als die göttliche Weisung zum Leben offenbart hat. Zugleich aber erahnt Jeremia die Macht Gottes, die die Erbarmungslosigkeit des Zwangsläufigen *übersteigt*: Analog könnte man den Begriff der *potentia Dei absoluta* heranziehen. Gemeint ist damit allerdings eine ganz andere Wirklichkeit als die mit dem spätscholastischen Begriff der Allmacht Gottes intendierte. Es geht nicht darum, dass Gott einfach alles kann. *Potentia Dei absoluta* ist hier ein *praktischer Begriff*: Der Mensch kann darauf vertrauen (und Weinberge kaufen), er kann sich der Inspiration anvertrauen, dass Gott auch da Wege des Heils zum Leben weisen wird, wo menschliche Ausweglosigkeit vorherrscht. *Praktisch* ist dieser Begriff der Allmacht, weil er menschliches Handeln inspiriert und weil er Menschen ermutigt zu einem handelnden Hinaustreten aus der Ausweglosigkeit jener Situation,

hoben ist: „Sieh, groß ist Gott in seiner Macht, / Wer ist ein Lehrer wie er? Wer will ihm weisen seinen Weg? / Wer kann sagen: Du tust Unrecht?" (Ijob 36,22 f.).

die unausweichlich verloren ist: Gott weiß Wege des Lebens, wo mit der immanenten Zwangsläufigkeit der Schöpfungsordnung die Wege der Menschen in den Tod führen. Auf diesen Wegen wird das Leben gewonnen, die Güter der untergehenden Ordnung aber gehen verloren. In seiner Weissagung an seinen Schreiber Baruch macht Jeremia diesen Zusammenhang deutlich:

„So spricht JHWH: Was ich gebaut habe, breche ich nieder, und was ich gepflanzt habe, reiße ich aus. Du aber begehrst Großes für dich? Begehre es nicht! Denn ich bringe Unheil über alle Sterblichen, Spruch des Herrn; dir aber gebe ich dein Leben wie ein Beutestück überall, wohin du auch gehst." (Jer 45,4f.)

Gott rettet auch in seinem Zorn. Aber dieses Retten fällt anders aus, als Menschen es sich erwarten. Es kann eben nicht die Rettung dessen sein, was nicht rettbar ist innerhalb der Ordnung des Lebens, die Gott zum Gesetz der Welt gemacht hat.

f) Ezechiel – die Wende zur Vorstellung eines selektiven und individuellen Strafens Gottes

Die große Leistung der vorexilischen Schriftprophetie bestand darin, das gemeinsame Schicksal des Volkes als Moment an seiner Geschichte mit JHWH zu deuten. Die vorexilische Prophetie ist politische Theologie, insofern sie das Schicksal des gesamten Volkes in seiner konkreten historischen Situation im Lichte der Erwählung des ganzen Volkes zum JHWH-Volk interpretiert. Diese Erwählung verpflichtete zur Orientierung an den Grundgedanken der Gleichheit und des Lebensrechts aller. Ihr entsprach die exklusive Verehrung des Exodus-Gottes und die Abkehr von den göttlichen Garanten von Fruchtbarkeit. Nicht die Gaben des Ackerbodens bilden den Inbegriff der JHWH-Religion, sondern der Friede des Miteinander, das Gelingen volkhafter Gemeinschaft in Frieden als der Möglichkeitsbedingung des Friedens jedes Einzelnen. Mit Jeremia bereits erscheint eine andere Heilsperspektive am religiösen Horizont: Wenn das Projekt gelebten Heils im Staatsvolk endgültig und irreversibel gescheitert ist, so offenbart der Prophet, der dieses Scheitern als den Willen JHWHs deutet, gerade dadurch schon die bleibende Gültigkeit der Treuezusage JHWHs: Israel geht als Staatsvolk nicht einfach zu Grunde, sondern die prophetische Inspiration deutet dieses Zugrundegehen als Moment an der Geschichte

JHWHs mit seinem Volk. Jeremia zieht daraus die notwendige Schlussfolgerung: Wo der Untergang im Lichte JHWHs als zwangsläufig erkannt wird, da verliert er die trostlose Brutalität des bloß Faktischen, da wird bereits eine Heilsperspektive ahnbar. Denn warum sollte es Gott so wichtig sein, dass die Verurteilten Grund und Tragweite ihrer Verurteilung durch den Mund des Propheten erfahren? Man hat für viele Stellen des Jeremiabuches die Klassifikation „Umkehrprophet" bemüht. Viel deutlicher nämlich als bei Amos wird bei Jeremia das Umfangensein der Vernichtungsbotschaft von einer Verheißungsperspektive. Parallel aber zum Entstehen eines vorsichtigen Optimismus, der allerdings immer das Nachher der Zerstörung betrifft, entwickelt sich bei Jeremia eine auf den Einzelnen und sein Leben (*næfæš*) bezogene Hoffnung. Diese Individualisierungstendenz kommt mit dem Ezechielbuch endgültig zum Durchbruch. Aus der Situation des babylonischen Exils heraus deutet der Sohn des Priesters Bussi (599/98) den Untergang Jerusalems als ein JHWH-gewirktes Strafübel für die sozialen und religiösen Vergehen des Volkes. In seinem Schwertlied (Ez 21,13–22) betont Ezechiel die *wilde Eigendynamik des Vernichtungszorns*. Die Geschichte hat dem Propheten gezeigt, wie eine Stadt vor dem überlegenen Feind hoffnungslos zugrunde geht: Gerechte und Schuldige werden gleichermaßen hingemordet (Ez 21,9). Wo aber dieser Gedanke in seiner ganzen Schärfe erkannt wird, wird es möglich, den anderen Gedanken zu realisieren, dass die Gerechtigkeit JHWHs ein differenziertes Handeln fordert. Ezechiel zitiert in diesem Zusammenhang das geflügelte Wort der Exilierten:

> „Die Väter haben saure Trauben gegessen
> und den Kindern werden davon die Zähne stumpf?" (Ez 18,2)

Die Überzeugung von der absoluten Geschichtssouveränität und Gerechtigkeit JHWHs führt Ezechiel zu dem gewagten Gedanken eines individualisierten Tun-Ergehen-Zusammenhanges: Die aus der deuteronomistischen Paränese bekannte, dort auf das Volk als Ganzes bezogene Alternative „Leben oder Tod" (Dtn 30,15–20) wird von Ezechiel individualisiert: Der einzelne Mensch lebt oder stirbt je nachdem, ob *er persönlich* (Ez 18,5–9) die Satzungen und Gebote hält.

Mit der klassischen vorexilischen Schriftprophetie weiß Ezechiel: Selbst die Anwesenheit Noachs, Daniels und Ijobs in einem dem Untergang geweihten Volk würde den Untergang nicht verhindern können (Jer 15,1). Anders aber als in der vorexilischen Prophetie

weitet sich das bei Jeremia erwachende Interesse am Individuum zu
der Überzeugung: JHWH würde aus einem dem Untergang geweihten Volk einen in diesem Volk lebenden Noach, einen Daniel und
einen Ijob retten. Diese Idee der selektiven Rettung der JHWH-
Treuen wird für Ezechiel zum Grundbegriff, unter dem die neue
Identität der Gola denkbar wird, als *Sammlung der Gerechten*, die
von JHWH aus dem zerstörten Jerusalem herausgeführt wurden
(Ez 14,22). Das Kriterium der Zugehörigkeit zu diesen Geretteten,
denen JHWH auch eine neue Zukunft im Lande Israel eröffnen
wird, ist die Treue zum Gebot JHWHs. Aus der Gemeinschaft des
Staatsvolkes wird nun dezidiert die durch ihre Praxis qualifizierte
Überzeugungsgemeinschaft. Für diese das Volk ablösende Gemein-
de einer neuen Sammlung JHWHs ist nicht länger der König der
Mittelpunkt. Diese Gemeinde lebt ihre Identität als *gottesdienstliche
Versammlung*. Entsprechend rückt der Tempel im so genannten Ver-
fassungsentwurf des Ezechiel (Ez 40–46) in die zentrale Position:
Vom Tempel aus werden sich die Wasser ergießen, die das verdorrte
Land Israel zu neuem Leben erwecken (Ez 47,1–12). Die Liturgisie-
rung der Identität des JHWH-Volkes geht mit einer spezifischen
Form der Individualisierung einher. Der Einzelne ist nunmehr für
die Zugehörigkeit zum JHWH-Volk durch sein Handeln verant-
wortlich. Gemeinschaft gründet in der Sittlichkeit des Individuums.

3. Deuteronomische
und deuteronomistische Zorn-Gottes-Theologie

a) Das Buch Deuteronomium

Das Buch Deuteronomium dürfte in seinem ältesten Bestand auf
das Jahr 622 v. Chr. zurückgehen: König Joschija (639/8–609) lässt im
Jerusalemer Tempel eine Urfassung des heutigen Deuteronomiums
als Grundgesetz seiner Reform von Staat und Kult inthronisieren.
Ziel dieser Reform ist die Durchsetzung der exklusiven JHWH-Verehrung. Politisch verbindet sich dieses Ziel mit der Erhebung der
Exodustradition zur sinnstiftenden und norm- und gesellschaftliche
Identität tragenden Ursprungserfahrung des Volkes. Aus der Erfahrung des Exodus heraus begründet das Deuteronomium eine *So-
zialordnung geschwisterlicher Gleichheit*: Am für die Gesellschafts-
theologie des Deuteronomium leitenden Gedanken der Brüderlich-

keit aller Israeliten untereinander müssen sich König, Richter und Prophet messen lassen.[11]

Das Deuteronomium verknüpft seine Werbung für diese auf Brüderlichkeit und JHWH-allein-Verehrung konzentrierte Deutung der Rechtstradition Israels mit dem von den assyrischen Hegemonialherren seiner Zeit bekanntem *Rechtsinstitut des Vasallenvertrages*: Als Bund auf Gegenseitigkeit wird der Vasallenvertrag zur fundamentalen theologischen Deutungsfigur des Verhältnisses JHWH – Israel: JHWH hat sein Gesetz mit der Verbindlichkeit eines wechselseitigen Bündnisses auf Israel gelegt. Israel droht damit im Falle der Nichtbefolgung eine Strafe analog den Strafexpeditionen, die assyrische Großkönige raubend und zerstörend gegen ihre Tribut säumigen Trabanten unternahmen. Auf diese Weise wird das Rechtsinstrumentarium des überlegenen Feindes zum propagandistischen Instrument der Einschärfung eigener, eben durch die Hegemonie des Feindes bedrohter Traditionen. Aus der Gestalt assyrischer Vasallenverträge ergibt sich der Aufbau des Buches Deuteronomium: (1) Dtn 5–11: Prolog und Grundsatzerklärung, (2) Dtn 12–26: detaillierte gesetzliche Bestimmungen, (3) Dtn 28: Ankündigung von Segen oder Fluch als Folge der Einhaltung oder des Bruches der Vertragsgrundlage.

Dem Fluch entspricht der Zorn Gottes. Anders als die Schriftprophetie, die den Zorn Gottes aufgrund der korrumpierten gesellschaftlichen Zustände insgesamt herannahen sieht als die Gerechte wie Ungerechte vernichtenden Katastrophe des Volkes insgesamt, nimmt das Deuteronomium die Verantwortung jedes Einzelnen für das Volk in den Blick. Jedem Einzelnen droht das Deuteronomium den Zorn Gottes an für den Fall, dass er sich dem Anspruch JHWHs heimlich zu entziehen versucht (Dtn 29,15–20). Damit ist nicht der Schritt der späten Prophetie zu einem individualisierten Tun-Ergehen-Zusammenhang vollzogen, vielmehr realisiert das Deuteronomium in seiner Programmatik, dass eine Rückkehr des Volkes zu einer Ordnung der Gleichheit und der alles Leben ermöglichenden Gerechtigkeit nur möglich ist als *eine innere Umkehr jedes Einzelnen zu den programmatischen Visionen des Anfanges* und der exklusiven Verehrung des Gottes, der diesen Anfang Israels gesetzt hat. Nur durch die individuelle Bekehrung als die Grundlage eines gesellschaftlichen Wandels wird ein Gericht abwendbar, das alle und

---

[11] G. Braulik, Das Deuteronomium und die Geburt der Menschenrechte, in: ders., Studien zur Theologie des Deuteronomiums, Stuttgart 1988, S.319ff.

damit aber auch jeden Einzelnen vernichtend treffen würde. Diese Individualisierung der Verantwortung für das Geschick aller geht im Deuteronomium mit einer Moralpädagogik der Verinnerlichung einher: Entscheidend für die erfolgreiche Erfüllung der Forderungen JHWHs ist die innere Zustimmung zur Mitte aller Gebote, zur Liebe gegenüber JHWH (Dtn 5).

b) Deuteronomistische Schichten des Pentateuch

Die deuteronomistischen Eingriffe in Texte des Pentateuch erscheinen als der Versuch, zentrale Anliegen der Reformbewegung, die sich mit dem Deuteronomium verband, in die normative Gründungszeit Israels zurück zu projizieren: So wird dem kultischen Dekalog in Ex 34,6f. die aus Dtn 5,9f. bekannte Drohung mit dem göttlichen Eifersuchtszorn vorangestellt. In der Erzählung vom Goldenen Kalb (Ex 32) betätigt sich Mose nach der deuteronomistischen Lesart des Textes als der unverzügliche Vollstrecker des göttlichen Todesurteils gegen die Abtrünnigen (Ex 32,26–29). Dasselbe Verhalten legt Mose in Schittim an den Tag (Num 25,5). Mose zeigt sich konsequent in der Vollstreckung der stereotypen deuteronomistischen Begründung von Todesurteilen: „Du sollst das Böse ausrotten in deiner Mitte!" (Dtn 17,7.12; 19,19; 21,21; 22,21; 24,7).

Außer im Falle des JHWH-Alleinverehrungsanspruches taucht der göttliche Zorn im Zusammenhang der sozialen Verpflichtungen gegenüber den Armen auch in den deuteronomistischen Redaktionsschichten des Pentateuch auf, wie etwa bei den Bestimmungen zum Schutz der Witwen, Waisen und Armen im Bundesbuch (Ex 22,22f.).

Sowohl im Deuteronomium als auch in den deuteronomistischen Pentateuch-Schichten ist die zentrale Grundeinsicht: JHWH knüpft seine Treue an zwei fundamentale Bedingungen: an seine exklusive Verehrung und an die Fürsorge für die Armen in einer sich geschwisterlich verstehenden Gesellschaft.

c) Die Kriegstheologie der Landnahme

Nirgendwo sonst in der Bibel begegnet gottgewollte und geförderte Gewalt häufiger und unzweideutiger als in den Büchern Josua und Richter: Als der wütende Wegbereiter der Landnahme zieht

JHWH seinem Volk voran (Ex 23,27 ff.; Jos 24,12). Als geschichtliche Erzählung konkretisieren die Bücher Josua und Richter, was in der Allgemeinheit des psalmischen Lobpreises gerade noch erträglich klingen mag: „ER schlug viele Völker nieder und tötete mächtige Könige [...]" (Ps 135,10), „JHWH steht dir zur Seite. Er zerschmettert Könige am Tage seines Zornes. Er hält Gericht unter den Völkern. Er häuft die Toten, die Häupter zerschmettert er weithin auf Erden" (Ps 110,5 f.). Während es beim poetischen Lied möglich erscheint, die Brutalität des Geschilderten mit der Eigenart poetisch-fiktiver Rede zu erklären, zielt die Sprache der Bücher Josua und Richter gerade darauf, die Fiktion der brutalen Faktizität zu erzeugen. Dies geschieht so suggestiv, dass der heutige Bibelleser des Beistandes der historischen Forschung bedarf, um sich klar zu machen, dass es eine historische Landnahme als militärischen Völkermord Israels an seinen Nachbarn niemals gegeben hat. Der vermeintlich historische Bericht ist in Wirklichkeit eine Trostschrift, die in der exilischen Situation, also mehr als vierhundert Jahre nach dem Beginn der staatlichen Existenz Israels,[12] das exklusive Vertrauen Israels auf JHWH als Möglichkeitsbedingung geschichtlichen Überlebens des Volkes propagieren soll. Die Fiktion vormaliger militärischer und nationaler Übergröße tritt dabei in einen propagandistischen Kontrast zur tatsächlichen Erfahrung eigenen militärischen und nationalen Scheiterns bei der Zerstörung Jerusalems. Die Niederlage von 586 v. Chr. erscheint so als die Folge des Abfalls von der exklusiven JHWH-Verehrung.

Das theologische Programm der exklusiven und vollkommenen Bindung an JHWH kennzeichnet auch die Details der deuteronomistischen Kriegstheologie. So wird Israel achtzehn Jahre von den Philistern und Ammonitern unterdrückt, weil es sich fremden Göttern zugewandt hat (Ri 10,6 f.).

Die Schilderung des Endes dieser Fremdherrschaft verknüpft der deuteronomistische Autor des Richterbuches mit einem makaberen und höchst anstößigen Lehrstück: Der Richter Jiftach erringt den Sieg, nachdem er JHWH das Gelübde ablegt hat, nach seiner siegreichen Heimkehr das Erste, das ihm aus der Tür seines Hauses entgegenkommt, JHWH als Brandopfer darzubringen (Ri 11,31). Nach

---

[12] Zur Datierung und zum historischen Kontext der Bücher: H. Niehr, Das Buch Josua, in: E. Zenger (Hrsg.), Einleitung in das Alte Testament, Stuttgart 1995, S. 131–136, hier: S. 135 f.; ders., Das Buch der Richter, ebd., S. 137–143, hier: S. 142 f.

dem Sieg ist es das Töchterchen, das Jiftach als Erstes entgegenkommt. Vater und Tochter sind sich sicher, dass das Mädchen geop-
fert werden muss (Ri 11,35 f.). Das Opfer wird auch vollzogen. Der
Einzelne – so die Pointe – muss mit seinem Glücksanspruch vollkommen zurücktreten gegenüber dem Wohl aller.

Dieses Ideal deuteronomistischer Kriegstheologie wird auch
durch die Theologie des Vernichtungsbannes (*hîræm*) eingeschärft.
Die besiegten Völker und ihr Besitz verfallen nach seinem Willen
dem Vernichtungsbann (Jos 6 f.; 10 f.). Als „Achan, der Sohn Kar-
mis" etwas nimmt von dem, „was dem Untergang geweiht war" (Jos
7,1), entbrennt der Zorn JHWHs gegen ganz Israel. In der Folge
kommt es zu einer Niederlage im Kampf mit den Ammonitern. Erst
nach der Steinigung Achans und der Vernichtung seiner Familie und
seiner Habe (Jos 7,24–26) „ließ JHWH ab von seinem glühenden
Zorn" (V. 26).

Als die deuteronomistische Theologie des Vernichtungsbannes
propagiert wurde, war der Rest, der von Israel geblieben war, keineswegs in der Lage, irgendjemanden mit realer Vernichtung zu bedrohen. Die Fiktion aber, Israel hätte in den längst vergangenen
Zeiten eigener Macht durch den Vernichtungsbann der Selbstberei-
cherung am Gut der Fremden (Vernichtung der materiellen Beute)
ebenso konsequent widerstanden wie der Gemeinschaft mit den
Fremden (Tötung des unterlegenen Gegners), entspricht im Kontext des Exils der theologischen Programmatik des Deuteronomiums: Der Zorn Gottes steht dafür, dass Glück und Sieg für das
Volk nur zu erringen sind *in der Absage an Eigennutz und eirenischen
Synkretismus.*

d) Die Königsdarstellungen
im deuteronomistischen Geschichtswerk

Das Deuteronomium formuliert die theologische Grundüberzeugung: Der Bundesbruch Israels im Verstoß gegen die exklusive Bindung an JHWH allein und im Verstoß gegen die sozialen Gebote
der Tora zeitigt den Zorn Gottes als das Schicksal des Volkes. Die
Königsbücher lesen sich wie die empirische Illustration dieses
Grundsatzes. Stereotyp begegnet die Formulierung: Israel/Juda/ein
König tat, „was JHWH missfällt". Stereotyp zeitigt dieses Verhalten
den Zorn JHWHs in der Gestalt eines tragischen persönlichen oder
dynastischen Schicksals des betreffenden Königs oder in der Gestalt
der Katastrophen für das ganze Volk. Der Zorn JHWHs wird mit

dem Begriff „kâ'as" benannt, der den Zustand des Gekränktseins bezeichnet.[13] Der Aspekt gleitet also in der deuteronomistischen Wahrnehmung von der Phänomenologie des wut*schnaubenden* Zornigen, wie sie der häufigste Zornterminus „'af" (= Zorn/Nase) impliziert, auf die *Psychologie des Zürnenden*. Die Ursache des Gotteszornes interessiert, nicht seine Wirkung. Die Wirkung ist ja zur Zeit des Exils zur Genüge bekannt: Die nationale Existenz Israels ist definitiv beendet. Das deuteronomistische Geschichtswerk deutet dieses Ende als den Höhepunkt einer Vielzahl strafender Eingriffe, mit denen JHWH seinerseits die Geschichte Israels begleitete. Die Katastrophen Israels erscheinen so als die negativen Momente der einmaligen Erwählungsgeschichte Israels.

Damit die Umdeutung der prophetischen Zorn-Gottes-Botschaft zur geschichtstheologischen Deutungskategorie ex post aufgehen kann, sind allerdings einige Interpolationen notwendig: Der negativ bewertete König Joram zum Beispiel stürzt Juda noch nicht in die Katastrophe, weil JHWH „wegen seines Knechtes David" Juda nicht verderben will (2 Kön 8,19). Joschija aber, der deuteronomistische Musterkönig der deuteronomischen Reform, fällt im Kampf gegen die Ägypter (2 Kön 23,29). Seine Reform mit der Beseitigung aller Fremdkulte kann den Untergang des Südreiches nicht aufhalten, da JHWH unversöhnt bleibt wegen der Wiedereinführung der Fremdkulte unter Manasse (2 Kön 21,1–18).

e) Deuteronomistische Prophetenauftritte

Ähnlich stereotyp wie die Gestaltung des Tun-Ergehen-Zusammenhanges in den Königsdarstellungen des deuteronomistischen Geschichtswerkes stellen die Königsbücher eine Reihe von Prophetenauftritten dar. Immer folgen vier Erzählelemente aufeinander: (1) Die eröffnende Wortereignisformel „Und es erging das Wort JHWHs an ...", (2) Begründung der prophetischen Drohung, (3) prophetische Drohung, (4) Erfüllungsnotiz.[14] Als Strafender sorgte JHWH für Gerechtigkeit im königszeitlichen Israel. Der Adressat der prophetischen Drohung ist in der Regel der König. Ihm obliegt die Durchsetzung des JHWH-Rechts in Israel. Er steht folglich auch unter einem dauernden, begleitenden Gericht Gottes.

---

[13] E. Johnson, *'naf*, in: ThWAT I (1973), S. 377–389, hier: S. 380.
[14] Vgl. 1 Kön 17–29.

JHWHs Geschichtsmächtigkeit ist nicht einfach eine metaphysische Prädestination, sondern eine in die konkrete politische Entwicklung eingreifende *Metahistorie*. Das ist die literarisch-theologische Grundidee der Exilsgemeinde: JHWH begleitet sein Volk, indem er ihm seinen Willen kundtut und dessen Einhaltung überwacht. Als diese literarisch-theologische Grundidee jedoch propagiert wird, ist sie nur noch Retrospektive auf eine ferne Vergangenheit Israels. Was ließ sich aus diesem Rückblick an Hoffnungsperspektive für Israel gewinnen? Welche Hoffnung konnte der exilischen Gemeinde bleiben mit ihrer Theologie des begleitenden Strafhandelns Gottes, das allerdings in der idealisierten Vergangenheit nicht zum dauerhaften Heil Israels führte, sondern zu seinem endgültigen Untergang? Welche Perspektive blieb, außer der Fortsetzung von Klage und Vergebungsbitte:

> „Herr, wende dich uns doch endlich wieder zu
> Dann wollen wir jubeln und uns freuen alle Tage. […]
> Erfreue uns so viele Tage, wie du uns gebeugt hast,
> so viele Jahre, wie wir Unglück litten." (Ps 90,13.15)

In der prominentesten Prophetengestalt des deuteronomistischen Geschichtswerkes wird ein Aspekt der Hoffnung gestaltet. Elija ist eine deuteronomistische Zornprophetengestalt wie kein anderer: Er ist nicht nur mehrfach Künder göttlicher Strafen, sondern er erscheint so sehr als der eigentliche Verursacher der Strafe, dass König Ahab ihn den „Verderber Israels" nennen kann (1 Kön 18,17). Im Eifer gegen den Baalkult wird Elija zum Anführer einer bewaffneten Aktion gegen die Baalpriester (1 Kön 18,40).

Unmittelbar aber im Anschluss an die Erzählung von diesem größten Sieg Elijas folgt ein plötzlicher Umschwung: Der siegreiche Prophet wendet sich – vordergründig motiviert durch eine Morddrohung der Königin Isebel (1 Kön 19,2f.) – der Wüste zu. Dort allerdings begehrt der Prophet, der geflohen war, um sein Leben zu retten, paradoxerweise den Tod. Der vorangegangene grandiose Sieg über die Baalpriester am Karmel (1 Kön 18) wird offensichtlich vom Propheten nicht als beglückende Gotteserfahrung erlebt, sondern im Gegenteil als schleichende Aufzehrung eigener Lebenskraft. Der Gotteszorn war die Botschaft und das Leben des Elija in seinem Volke. In der symbolischen Situation der Wüste zerfallen mit dem Verschwinden des äußeren Feindes auch die Macht der eigenen Selbstentwürfe und ihr Einfluss auf das Gottesbild. In der eintretenden Stille menschlicher Ohnmacht wird allererst eine Erfahrung

Gottes möglich, die die Macht der Bilder hinter sich lässt: Elija erlebt Gott als Kontrast zu allem, was dem Eiferer für JHWH bis dahin als göttlich vorkommen musste. Gott ist nicht im Sturm, nicht im Erdbeben, nicht im Feuer, sondern ein „Sanftes leises Säuseln" ist die adäquate Gestalt, in der Elija JHWH erkennt (1 Kön 19, 11–13). JHWH wirkt gerade auch durch Elija verheerend für Israel. Sein Wesen aber ist nicht die verheerende Macht, die Menschen als Faszinosum erleben. Das Wesen Gottes ist genau gegenteilig gekennzeichnet durch seine Sanftheit. Daraus folgt für Elija kein Eirenismus: Als aus der Wüste Zurückkehrender bleibt er politisch Handelnder. Alles Politisch-Kämpferische aber wird von ihm erkannt als die äußere Gestalt der Gotteswirklichkeit, die nicht identisch ist mit dem Wesen Gottes.

4. Zur Hermeneutik des prophetischen und deuteronomistischen Gotteszornes

a) JHWH – ein gewalttätiger Gott, der in ein Leben ohne Gewalt führt

Die deuteronomisch-deuteronomistische Theologie verbindet das Gottesbild eines äußerst gewaltbereiten JHWH mit zwei gesellschaftspolitischen Zielsetzungen. Zum einen geht es ihr um die Durchsetzung der exklusiven JHWH-Verehrung im öffentlichen und familiären Kult, zum andern vertritt sie eine Sozialethik der Brüderlichkeit aller Volksgenossen untereinander.

Diese Zielsetzungen erscheinen im Licht unserer gesellschaftspolitischen Gegenwart als zumindest im ersten Teil fragwürdig: Die Militanz der Durchsetzung exklusiver Verehrung eines Gottes passt auf den ersten Blick gut zum Bild des eifersüchtigen, unbarmherzig strafenden Gottes. Der Monotheismus ist seit E. Peterson verdächtig, zu autoritären Gesellschaftskonzepten zu passen, deren Konzentration auf einen Führer der Konzentration auf einen Gott entspricht.[15] Der Polytheismus erscheint dem Philosophen Odo Marquard als der menschlichen Freiheit viel gemäßer als der notwendig intolerante Monotheimus.[16] Ähnlich positiv bewertet der Ägyptologe Jan Assmann den ägyptischen Polytheismus, der anders als das

---

[15] E. Peterson, Monotheismus als politisches Problem, München 1951.
[16] O. Marquard, Abschied vom Prinzipiellen, Stuttgart 1982, S. 99 f.

Christentum und der Islam keinen intoleranten, gewaltbereiten Durchsetzungswillen gezeigt habe[17], sondern dessen Idolatrie Ausdruck eines friedvollen, ausgeglichenen Beheimatetseins in der Welt sei.[18]

Wer allerdings so argumentiert, bedenkt die Entstehung und Wirkung von Gottesvorstellungen höchst oberflächlich: Die Gottesvorstellung wird schlicht als der Spiegel einer wünschenswerten gesellschaftlichen Realität gedeutet, ohne dass gefragt würde, *für wen* diese gesellschaftliche Realität *warum* wünschenswert ist. Das Gottesbild wird lediglich gedeutet als eine Wirklichkeit, die der politischen Realität nachgeformt ist. Seine Wirksamkeit ist also rein *nachläufig* bestätigender Art: Zuerst sind gesellschaftliche Machtverhältnisse, dann finden sie ihren Ausdruck in Theologien.

Historisch allerdings ist sowohl hinsichtlich der Schriftpropheten als auch hinsichtlich der deuteronomisch-deuteronomistischen Bewegung offensichtlich, dass es sich hierbei um Theologien handelt, die *im Widerspruch* zu den bestehenden Machtverhältnissen formuliert wurden. Wenn das Deuteronomium eine Ethik der Brüderlichkeit und der normativen Rückbesinnung auf die Exodusgesellschaft der Gleichen postuliert, dann stellt es sich auf die Seite der in der israelitischen Gesellschaft zu kurz Gekommenen. Die Absage an den Pluralismus der religiösen Betätigung geht einher mit dem Versuch, die religiösen Inhalte zum Motor sozialer Reform werden zu lassen. Das Religiöse tritt heraus aus der *Funktion der nachläufigen Bestätigung* bestehender Verhältnisse und soll stattdessen die Veränderung gesellschaftlicher, politischer und ökonomischer Verhältnisse inaugurieren. Das setzt allerdings die Glaubenszustimmung jedes Einzelnen voraus. Das religiöse Ideal kann nur durch seine gesamtgesellschaftliche Verbreitung gesellschaftliche Wirklichkeit verändern.

Man kann diese neue Dimension der Religion auch beschreiben als die Überwindung mythischer Religion durch die prophetische Religion: Der Mythos ist religionsgeschichtlich immer die Nacherzählung eines urgeschichtlichen Überganges von der anfänglichen Labilität zur abschließenden Stabilität und Irreversibilität der gesellschaftlichen Ordnung. Er fordert die abschließende Bestätigung

---

[17] J. Assmann, Monotheismus und Ikonoklasmus als politische Theologie, in: E. Otto (Hrsg.), Mose. Ägypten und das Alte Israel, Stuttgart 2000, S. 138.

[18] Ders., Moses der Ägypter. Entzifferung einer Gedächtnisspur, München 1998, S. 246.

dieser Ordnung durch seine Hörer als die feierliche Zustimmung zum Status quo.[19] Die prophetische Literatur dagegen stellt die bestehende Ordnung in Frage und betont ihre Veränderlichkeit. Der Stabilitätsgrund, von dem aus diese Veränderung der Lebensordnung überhaupt erst denkbar wird, ist der in seiner Macht zunehmend ins Transzendente gesteigerte Gott. Ja, dieser Gott ist nicht nur der Stabilitätsgrund, von dem aus Veränderung gefahrlos denkbar ist. Er fordert als personal und willentlich sich Verhaltender diese Veränderung, weil er ansonsten die Grundlagen des Lebens, die in ihm alleine liegen, entzieht.

Als der Grund des Lebens und der gesellschaftlichen Ordnung ist der eine Gott aber zugleich auch der Grund einer persönlichen Verpflichtung des Einzelnen seinem Gott gegenüber, die der Polytheismus so nicht hervorzubringen vermag, wie ein Vergleich altorientalischer Poly- und Monolatrien von Rainer Albertz zeigt.[20] Im Deuteronomium findet diese Verpflichtung auf den einen Gott und seine Ethik als den Grund, von dem aus alle gesellschaftliche Wirklichkeit hinterfragbar und reformierbar erscheint, ihren Ausdruck im „Höre Israel" (Dtn 6,4f.). Es verbindet die Verpflichtung auf den einen JHWH allein mit dem Gebot, diesen Gott mit aller Kraft zu lieben. Monolatrie und die *Verinnerlichung* der ethischen Verpflichtung auf den einen Gott gehen Hand in Hand und bilden die Möglichkeit dafür, dass Religion gesellschaftliche Veränderung ermöglichen und tragen kann.

Ein toleranter Gott neben anderen vermöchte eine solche Wirkung nicht zu entfalten. Die Gesellschaft aber des fröhlichen Polytheismus wäre deshalb nicht gewaltfreier. Der Verzicht auf eine sinngebende, die Gesellschaft zur Gemeinschaft zusammenfügende gemeinsame religiös-politische Vision ist nicht gleichbedeutend mit Gewaltlosigkeit. Die Propheten erleben die naturwüchsigen Konsequenzen des Eigentumsrechts in der Königszeit sehr wohl als Form der Gewalt gegen die Armen. Ihr im Rahmen der Rechtsordnung legalerweise herbeigeführtes Abhängigkeitsverhältnis, ihre entwür-

[19] F. Stolz, Der Monotheismus im Kontext der altorientalischen Religionsgeschichte – Tendenzen neuerer Forschung, in: W. Dietrich/M. A. Klopfenstein (Hrsg.), Ein Gott allein? JHWH-Verehrung und biblischer Monotheismus im Kontext der altorientalischen Religionsgeschichte, Göttingen 1994, S. 33–50, hier S. 613 f.

[20] R. Albertz, Der Ort des Monotheismus in der altorientalischen Religionsgeschichte, in: ebd., S. 77–96, hier: S. 80 f.

digende Instrumentalisierung für die Besitzenden wird getragen durch Recht, Justiz, König und letztlich durch das stehende Heer des Königs.

JHWH tritt gegen diese Instanzen des Machterhaltes auf. Er vertritt die Vision der Exodusgesellschaft Gleicher. Das bringt ihn in den Widerspruch zu den herrschenden gesellschaftlichen Gruppen. In diesem Widerspruch tritt JHWH auf als der übermächtige Kriegsherr und als der souveräne Lenker der Weltgeschichte, vor dem die Inhaber der gesellschaftlichen Macht sich fürchten müssen. Die Gewalttätigkeit JHWHs macht dabei die latente Gewalt der gesellschaftlichen Verhältnisse offenbar: Die Aggression der Menschen findet einen Ausdruck, ein Ziel und eine Legitimation, ohne sich allerdings als manifeste Gewalt zu realisieren. Denn JHWHs Übermacht lässt eigene Gewalt als überflüssig und chancenlos erscheinen. JHWHs Gewalt spiegelt nicht gesellschaftlich reale Gewalt, sondern ist Ausdruck der *Entlarvung gesellschaftlicher Verhältnisse*, in denen Menschen durch die ökonomischen und juristischen Strukturen die Lebenschancen so weit beschnitten werden, dass sie zu einer aktiven Partizipation an der Gesellschaft als einer Gesellschaft im Grundsatz Gleicher nicht mehr fähig sind.

Die deuteronomistische Verkündigung des Gewaltgottes des Zorns und der Rache geht also nicht einher mit einer Vermehrung der gesellschaftlich erlittenen Gewalt. Die Verkündigung des gewalttätigen Gottes ist nicht Aufforderung zur Gewalt. Vielmehr ist sie der Versuch, einer Gesellschaft, die selbst latent gewalttätig ist, ein Ideal der Brüderlichkeit und der Gewaltfreiheit entgegenzustellen.

Wenn heute jüdische Fundamentalisten in Israel die deuteronomistische Kriegstheologie der Bücher Josua und Richter als Aufforderung zur nationalistischen Expansion verstehen, so entspricht dies nicht der Rezeption, die diese Theologie zur Zeit ihrer Entstehung erwarten durfte. Damals waren die Völker, von deren Ausrottung das Buch Josua weiß, nur noch vom Hörensagen bekannt. Nationale Größe war für Israel im Exil nicht zu erhoffen. Wohl aber konnte eine theologische Bewegung, die die Bedeutung des Einzelnen im gesellschaftlichen Prozess erkannt hatte, an die je eigene Verantwortung des Israeliten vor der Geschichte des eigenen Volkes appellieren, die als JHWHs Siegesgeschichte für sein Volk begann und als Exilsgeschichte endete.

Der Kampf der Deuteronomisten gegen alle anderen Götter hat den Verdacht feministischer Theologinnen erregt, gehörten doch zu diesen Göttern auch weibliche Konfigurationen des Göttlichen. Zusammen mit der Faszination durch Macht, Krieg und Gewalt, die die deuteronomistische Literatur erkennen lässt, entsteht so das Bild einer durch fragwürdige männliche Ideale geprägten religiösen Reformbewegung. Gegen diesen pauschalen Verdacht haben verschiedene Forscher darauf hingewiesen, dass die JHWH-allein-Bewegung[21] in Israel die sanften und weiblichen Züge JHWHs besonders hervorhebt[22]: Die JHWH-Monolatrie ist eine „inkludierende Monolatrie", die verschiedenste Eigenschaften, Epitheta, Namen und fremde Kultpraktiken mit JHWH verbindet.[23] Die Ethik des Deuteronomium wird von G. Braulik als geschlechterintegrierende Ethik der Geschwisterlichkeit beschrieben.[24]

b) JHWHs Zorn und die Achsenzeit

Die prophetische ist ebenso wie der deuteronomisch-deuteronomistische Literatur geprägt von der Programmatik der JHWH-Monolatrie, der Ethisierung der Religion, schließlich der Betonung der Verantwortung des Einzelnen. Diese Merkmale entsprechen jenem Rationalisierungsschub in der Entwicklung menschlicher Gesellschaften, den Karl Jaspers als „Achsenzeit" bezeichnet hat. In der Achsenzeit findet nach Jaspers die „Ethisierung der Religion" statt[25], „persönliches Selbstsein", „Innerlichkeit", „Unbedingtheit" werden als bewusstseinsbestimmende Größen entdeckt.[26] Die neuere Forschung zur Achsenzeittheorie hebt hervor, dass achsenzeitliche Gesellschaften intellektuelle Eliten ausbilden. Es entsteht eine gesellschaftliche Hierarchie, die mit der durch Besitz und Herkunft

[21] Der Begriff stammt ursprünglich von M. Smith. Er wird hier verwandt als Sammelbezeichnung für alle gesellschaftlichen Gruppen des Alten Israel, die sich in der religionspolitischen Zielsetzung der exklusiven JHWH-Monolatrie einig waren.
[22] W. Dietrich, Über Werden und Wesen des biblischen Monotheismus. Religionsgeschichtliche und theologische Perspektiven, in: ders./M. A. Klopfenstein (a.a.O.), S. 13–30, hier: S. 29; H. Schüngel-Straumann, Denn Gott bin ich, und kein Mann. Gottesbilder im Ersten Testament – feministisch betrachtet, Mainz 1996, S. 33–71.
[23] Dietrich, a.a.O., S. 16f.
[24] G. Braulik, Deuteronomium, Bd. 1, Würzburg 1986, S. 16f.
[25] K. Jaspers, Ursprung und Ziel der Geschichte, München 1949, S. 21f.
[26] Ebd., S. 89.

definierten sozialen Schichtung konkurriert: Universalisierbare
Werte werden zu Kriterien einer sozialen Privilegierung. Die Mit-
glieder dieser intellektuellen Eliten werden zu Protagonisten von
Protestbewegungen. Grundlage der Möglichkeit von Protest ist die
Ablösung des mythischen Gottkönigtums durch einen Herrscher,
der sich universalisierbaren Kriterien gerechter Herrschaft zu stel-
len hatte.[27] All diese Entwicklungen gehen einher mit einer *Ent-
deckung der Transzendenz*. Die scharfe Trennung zwischen welt-
licher Ordnung und göttlicher Ordnung ermöglicht die Kritik der
Welt und begründet zugleich die Sehnsucht nach der Erlösung der
Welt von Gott her. Die transzendente Orientierung begünstigt die
Ausbildung einer universalisierbaren Moral. Jene wiederum erzeugt
ein Bewusstsein der grundsätzlichen Zusammengehörigkeit aller
Menschen.

All diese Prozesse und Entwicklungen lassen sich in Israel mit
dem Auftreten der Schriftpropheten verbinden. Amos, Hosea, Jeremia sind interpretierbar als Protagonisten achsenzeitlicher Eliten.
Auch die Verfasser deuteronomistischen Schrifttums können als
Angehörige achsenzeitlicher Eliten erkannt werden.

Sowohl bei den Propheten als auch in der deuteronomistischen
Bewegung verbinden sich die Motive der Transzendenz Gottes, der
Ethisierung der Religion, der Individualisierung der Verantwortung
mit Motiven göttlicher Gewalt und göttlichen Zorns. Die Haupt-
quellen biblischen Gotteszornes erweisen die göttliche Negativität
gegenüber Welt und Mensch nicht als Rudiment archaischer Verehrung für das Gewalttätige, sondern erkennen diese Negativität
Gottes gegenüber Welt und Mensch *als Moment an jener Transzendenz Gottes, deren Erkenntnis die Ethisierung der Religion begleitet.*
Diese Beobachtung muss eingewandt werden gegen den Versuch
Georg Baudlers, die Wirklichkeit des Gotteszorns im Alten Testament zu deuten als Rudiment einer archaischen Furcht vor der zerstörerischen Wildnis, die ihr Symbol im wütenden Stier habe.

Das prophetisch-deuteronomistische Bild des zornigen Gottes
entspringt nicht zerstörerischer Naturerfahrung. Es sind vielmehr
höchst konkrete Bilder kriegerischer Gewalt, denen realistische
Einschätzungen drohender militärischer Niederlagen zu Grunde lie-

---

[27] Sh. N. Eisenstadt, Allgemeine Einleitung: Die Bedingungen der Entste-
hung und Institutionalisierung der Kulturen der Achsenzeit, in: ders. (Hrsg.),
Kulturen der Achsenzeit, 2 Bde., Frankfurt 1987, Bd. I, S. 10–42, hier:
S. 13–20.

gen. Die Rede vom zornigen Gott verbindet sich mit politischer und militärischer Hellsichtigkeit. Es ist keineswegs panische Angst, sondern eher strategischer Realismus, der die Bilder der Vernichtung evoziert. Von Realismus zeugt auch die Eigendynamik, die die Propheten dem Zorn Gottes zuordnen: Wo Gott zürnt, da wütet Gewalt nicht so punktgenau, dass zwischen Gerechten und Ungerechten unterschieden würde. Wenn die Katastrophe im Zusammenbruch der sozialen Ordnung besteht, dann betreffen die Folgen alle Menschen im Sozialwesen. Der politisch-strategische Realismus und nicht die theologische Frage nach der Gerechtigkeit Gottes bestimmt ganz offensichtlich die konkrete Gestalt, in der die biblischen Autoren das Wüten des Gotteszornes erblicken.

Dieser strategisch-politische Realismus ist in der Achsenzeittheorie unweigerlich mit der Bindung des Einzelnen an den transzendenten Gott verbunden. Erst in der Bindung an den alle gesellschaftlichen, familiären und sippenmäßigen Bindungen übersteigenden Gott entwickelt sich jene Freiheit des Denkens, die die Ungeheuerlichkeit des Unterganges der eigenen Lebenswelt überhaupt denkbar macht. Denkbar aber wird die Katastrophe im Horizont der anderen Motive der Achsenzeit: Die staatliche Katastrophe wird gedacht als Folge der moralischen Katastrophe. Als solche bleibt sie gebunden an den Zielgrund der Moralität, den transzendenten Gott. Diese Bindung wird in der Metapher des Gotteszornes entfaltet.

Die Theologie des Gotteszornes verschärft die moralische, rechtliche und schließlich die staatliche Katastrophe zur religiösen. Zugleich aber liegt in dieser Bindung des Unterganges an Gott auch ein Hoffnungsaspekt beschlossen, wie ihn das Jeremiabuch entfaltet. Der Untergang ist trotz der Wahllosigkeit des mit ihm verbundenen Wütens doch kein blindes Fatum. Das vermehrt den mit ihm verbundenen Schmerz, birgt aber auch die Hoffnung eines Neuanfangs.

c) JHWH liebt die Gerechtigkeit

Mit der Prophetie und der deuteronomistischen Bewegung setzt sich die theologische Einsicht durch, dass Heil als von Gott her gelingendes Leben unlösbar geknüpft ist an die Achtung ethischer Prinzipien. Georg Braulik hat das Deuteronomium zu Recht mit der „Geburt der Menschenrechte" in Verbindung gebracht, weil mit ihm die Überzeugung von der Gleichheit und der personenbezogenen

Gerechtigkeit Einzug in das Denken hielt.[28] Das Heil Gottes für das Volk ist nicht ablösbar von der Achtung des Rechts jedes Einzelnen durch jeden Einzelnen. Diese Achtung des Rechts ist die Bedingung allgemeiner Wohlfahrt. Die Missachtung des Rechts zieht den Zerfall des Gemeinwesens nach sich mit allen daraus resultierenden katastrophalen Folgen für Gerechte und Sünder. Als Partizipanten des Schuldkollektivs werden alle unterschiedslos von der Katastrophe getroffen.

Die überragende Bedeutung, die mit diesem theologischen Durchbruch der Ethik zugeschrieben wurde, führt ganz selbstverständlich zur Abwertung des Kultes als einer Heilsvermittlung. Kult, der nicht getragen ist von einer inneren Erneuerung des Volkes im Sinne der von JHWH geforderten Gerechtigkeit gegen jeden Einzelnen, ist JHWH ein Gräuel, wie die prophetische Kultkritik überdeutlich betont.

Diese Einsicht ist überragend wichtig. Sie bewahrt JHWH davor, verwechselbar zu werden mit dem, was Jeremia als den Normtyp heidnischer Götzen verspottet: Der Götze ist Artefakt aus Holz wie die „Vogelscheuchen im Gurkenfeld". Er kann weder reden noch gehen, weder schaden noch Gutes bewirken (Jer 10,5). Ein Gott des reinen Kultes greift nicht in das Leben der Menschen ein. Er vermag die ethische Orientierung nicht zu verändern. Er ist immer nur nachläufig zu dem, was Menschen ihm vorgeben. JHWH dagegen wird von den Propheten bezeugt als der Gott, in dessen Einflusssphäre die Verkehrtheit ungerechter Ordnung erkannt wird. *So* erweist sich JHWH als *redender Gott*, als *erkenntnisermöglichende Realität*, als verwandelnde Macht.

Diese Kraft, die JHWH im gesellschaftlichen Prozess entwickelt, die seine Lebendigkeit erweist, ist Kraft der Opposition gegen das Bestehende. Gerade als der Gott, der zum *agere contra* inspiriert, wird JHWH als die transzendente, wirklich Veränderung bewirkende Kraft erfahren. Die Quellen der genuin jüdisch-christlichen Religiosiät verweisen auf die Bedeutung der Opposition, der Negation, der Ablehnung dessen, was ohnehin geschieht. Darin bezeugen sie den weltverändernden Anspruch Gottes als des absolut Transzendenten. Darin aber werden sie auch wahrgenommen als Wirklichkeiten, die *gegen* den Menschen stehen, als *Mächte der Negation*. Wo

---

[28] G. Braulik, Das Deuteronomium und die Geburt der Menschenrechte, in: ders., Studien zur Theologie des Deuteronomiums, Stuttgart 1988, S. 318 ff.

die negierende Kraft der jüdisch-christlichen Tradition so oder so verloren ginge und nicht wiedergewonnen werden könnte, verlöre diese Tradition ihre spezifische Identität. Christsein bedeutet gerade in der jüdischen Tradition seiner Herkunft notwendig die Verpflichtung darauf, die Welt am Anspruch der göttlichen Gerechtigkeit zu messen und scheitern zu lassen.

5. Opposition gegen die Theologie vom gnadenlos zornigen Gott

a) Die Widersprüchlichkeit der Bibel als theologisches Problem

Es gehört zu den Eigenheiten der Bibel, dass in ihr keine geradlinige Lehre von Gott und seinem Verhältnis zu Menschen und Welt geboten wird. Der Leser erhält vielmehr in den verschiedenen biblischen Büchern ein höchst facettenreiches Bild vielfältigster Perspektiven auf die Wirklichkeit Gottes und ihre Wirkung auf den Menschen und die menschliche Gesellschaft.

In der Systematischen Theologie hat es von ihren scholastischen Ursprüngen an Tradition, die Widersprüchlichkeiten biblischer Gottesrede zum Ausgangspunkt des theologischen Nachdenkens zu machen. Das klassisch-scholastische Programm zielt dabei auf die Auflösung scheinbar evidenter Widersprüche biblischer Aussagen. Was sich scheinbar widerspricht, wird dargestellt als Differenz der Aspekte. Eine solche Differenz kann zum Beispiel in der Polysemie der Begriffe beschlossen liegen oder in der Analogie ihrer Bedeutung, wenn sie nicht auf den Menschen, sondern auf Gott bezogen werden.

So stellt sich für Thomas von Aquin die Frage „Liebt Gott alles?". Zu dieser Frage gibt die Bibel widersprüchlich Auskunft. Zum einen erklärt das Weisheitsbuch: „Du liebst alles, was da ist, und hassest nichts von dem, was du gemacht hast." Zum anderen erklärt der Psalmist: „Du hassest alle, die Unrecht tun."[29]

Zur Lösung dieses Widerspruches wendet sich Thomas zunächst der Frage der analogen Bedeutung des Verbs „lieben" zu, *insofern* es von Gott als Subjekt ausgesagt wird: Der Mensch liebt, was liebenswert ist, weil es schön ist, gut und wahr. Gott aber *als der Schöpfer* von allem liebt nicht, weil etwas schön, gut und wahr ist. Vielmehr *werden* die Dinge überhaupt seiend und damit schön, wahr und gut,

---

[29] Sth I, q. 20, a. 2; zitiert nach der deutschen Thomasausgabe.

weil Gott sie liebt, das heißt, weil er sie in seiner schöpferischen Kraft bejaht. *Insofern* auch der Sünder in gewisser Hinsicht ein Lebewesen ist, das sein Leben von Gott hat, wird er von Gott bejaht, ja gründet sein Sein im Bejahtsein durch Gott. Insofern der Sünder Sünder ist, hasst Gott ihn. Die Sünde nämlich – so Thomas – hat kein Sein. Wenn aber alles Seiende sein Sein aus dem Bejahtsein durch Gott bezieht, so entspricht dem Nichtsein das Nichtbejahtsein durch Gott. Dies wiederum ist die analoge Bedeutung des Verbs „hassen" dann, wenn es von Gott als Subjekt ausgesagt wird. Kennzeichnend für diese theologische Vorgehensweise ist die tragende Bedeutung, die den Adverbien „inquantum" (insofern) und „intantum" (insoweit) zukommt. Die Bedeutungseinheit des Begriffes wird in eine Bedeutungsvielheit der Aspekte aufgeschlüsselt zu dem Zweck, die Einheit der theologischen Aussage trotz der Vielfalt der biblischen Aussagen sicherstellen zu können. Dieses Verfahren der klassischen scholastischen Dialektik hat das theologische Denken über die Jahrhunderte geschult. Es gehört zum wertvollsten methodischen Erbe, auf das die Theologie auch heute zugreifen sollte.

Daneben sind heute die Einsichten zu beachten, die aus der historisch-kritischen Erforschung der Bibel als einer Sammlung von Texten resultieren, die über Jahrhunderte unter sehr unterschiedlichen Bedingungen mit sehr unterschiedlichen Zielsetzungen verfasst wurden. Eine erste, fast reflexartige Reaktion der Systematischen Theologie auf diese Entdeckung bestand darin zu vermuten, es gebe einen ursprünglichen biblischen Wahrheitskern reiner göttlicher Offenbarung, um den herum sich allerhand historisch kontingentes literarisches Material gerankt habe. Wer mit dieser Basishypothese an den biblischen Text herangeht, wird geneigt sein, reduktionistisch zu verfahren: Bestimmte Texte werden zum Inbegriff biblischer Offenbarung stilisiert. Andere werden nachträglich aus dem Kanon der offenbarten Texte entfernt.

Dieses am Gedanken des zu isolierenden Offenbarungskerns orientierte Denken kann sich schwerlich des Willkürverdachtes erwehren: Mit welchem Recht lassen sich Dignitätsunterschiede biblischer Texte rational überprüfbar und nachvollziehbar begründen? Dies ist sicherlich da möglich, wo der historisch-kontingente Zweck bestimmter Textelemente sehr klar zu Tage liegt. Wo aber ganze Bücher oder größere Texteinheiten betroffen sind, gebietet der Respekt vor der Bibel als der Urkunde der Offenbarung Gottes die sorgfältige Nachfrage, ob nicht auch diese Texte einen Offenbarungsgehalt erkennen lassen, der im Gesamtkontext der biblischen

Gottesaussage sinnvoll interpretierbar ist. Hilfreich ist dabei ein Offenbarungsmodell, das ein Verständnis des Entstehungskontextes biblischer Literatur ermöglicht, das dieses nicht bloß als störendes, möglichst wegzufilterndes ‚Rauschen' im Kommunikationsprozess des Gläubigen mit der Urkunde seines Glaubens wahrnimmt.

Ein solches Verständnis des historischen Entstehungskontextes biblischer Texte als selbst zur Offenbarung Gottes hinzugehörig setzt die Überwindung eines latenten Deismus in der Systematischen Theologie voraus. Ein solcher latenter Deismus ist überall dort wirksam, wo der Theismus immunisiert wird durch die weitestgehende Trennung von Gott und Geschichte. Diese Trennung scheint zunächst ja der legitime Ausdruck der fundamentalen Einsicht in die Transzendenz und Weltjenseitigkeit Gottes zu sein. Darin gerade unterscheidet sich der biblische Gott von den Götzen, dass er die Welt umspannen kann als der, der nicht zu ihr gehört, dass er die Welt erlösen kann als der, der nicht in ihren Mechanismen gefangen ist. Als der absolut Transzendente wird Gott nicht getroffen durch die menschliche Beschwerde ob seiner mangelnden Erfahrbarkeit. Die biblische Gottesbotschaft aber ist fundiert durch die Überzeugung, dass der Transzendente in der Welt und der Geschichte aktiv ist, ja, dass der tiefste Sinn seiner Jenseitigkeit sich für den Menschen erst erschließt in diesem leidenschaftlichen Wirken Gottes in der Welt. Gottes Jenseitigkeit nämlich ist nicht das reine Desinteresse des über allem Erhabenen (*excelsus super omnia*), sondern Gottes Jenseitigkeit ist die Möglichkeitsbedingung dafür, dass seine Diesseitigkeit wirklich erlösend sein kann.

Die Aktivität Gottes in der Geschichte, seine Kausalität in der Welt ist mehr, als der dünne Begriff „Erfahrung" zu retten vermag. Der Begriff der „Erfahrung" schien lange Zeit das einzige Reservat zu umgrenzen, das die Theologie der innerweltlichen Wirksamkeit Gottes noch einzuräumen bereit war. Der Begriff brachte dazu durchaus geeignete Bedeutungsdimensionen mit: Wo Gottes Präsenz in der Geschichte mit dem Begriff der Erfahrung bezeichnet wird, da wird ernst genommen, dass sich Gott durch Menschen in die Geschichte hinein vermittelt. Erfahrung bezeichnet dabei eine Form des Wissens, die in der Lebensgeschichte des Einzelnen gewonnen wird und die deshalb fest im Gedächtnis und der gewordenen Persönlichkeit des Einzelnen verwurzelt ist.[30]

---

[30] E. Schillebeeckx, Die Auferstehung Jesu als Grund der Erlösung (QD 78), Freiburg 1979, S. 13–28.

Dennoch ist der Erfahrungsbegriff überfordert, wenn er zum Inbegriff der innerweltlichen Wirksamkeit Gottes und seines Den-
Menschen-Offenbarwerdens wird. Dies gilt aus drei Gründen: (1)
Erfahrung bezeichnet *auch* eine vage, ungenaue Form des Wissens.
(2) Erfahrung bezeichnet ein bis zur Inkommunikabilität subjekti-
ves Wissen. (3) Erfahrung bezeichnet ein rein inneres Erleben des
Subjekts.

Die Bibel dagegen schildert Gottes Wirksamkeit in der Welt nicht
als vage, inkommunikabel und lediglich das innere Erleben des
Menschen betreffend, sondern gerade im Kontext des Zornes Gottes wird Gottes Wirken in der Welt erkannt als dezidiertes, sehr mit-
teilungsorientiertes und politisch-öffentlich relevantes.

Bei den Schriftpropheten wird Gottes Wille für die konkrete Gegenwart offenbar durch einen intellektuellen Prozess. Innerhalb dieses Prozesses findet eine ökonomisch-politische Analyse der Gegenwart statt, die konfrontiert wird mit der biblischen Weisung zu
einem staatlich-gesellschaftlichen Leben, das orientiert wird an der
Verpflichtung, allen Lebensraum zu gewähren. Die Erfahrung der
Diskrepanz zwischen der Weisung JHWHs zum Leben einerseits
und der erfahrenen Realität andererseits lässt die Propheten in
ihre geschichtliche Situation hinein verkünden, was sie als „Wort
JHWHs" erleben. Innerhalb dieses Konzepts einer historisch-prak-
tischen Auslegung des Willens JHWHs für die Welt ist es nicht er-
forderlich, theologische Sätze von zeitloser Dauer zu formulieren.
Theologische Gottesrede ist nicht theo-*logische* Rede *über* Gott,
sondern Vermittlung der Worte (*lógoi*) Gottes in die konkrete Situation der Gegenwart hinein. Das bedeutet jedoch nicht, dass die
Worte der Propheten nur zeitgeschichtlich interessant wären, so als
müssten sie den Dogmatiker nicht interessieren, weil der Exeget in
seiner Rolle als biblischer Zeithistoriker sich bereits erschöpfend
mit ihnen befasst. Die zeitgeschichtliche Kontingenz schließt die
metageschichtliche Relevanz deshalb nicht aus, weil sich historische
Konstellationen ebenso wiederholen, wie Gottes Weisung zur
Ermöglichung des Lebens für alle zeitlos der Schöpfung als Gesetz
eingeschrieben ist. Es wiederholt sich der Grundkonflikt zwischen Gottes Weisung zu einer Leben ermöglichenden Gemeinschaftstreue und den wuchernden Strukturen menschlichen Eigen-
nutzes, die sich aufblähen und perfektionieren, bis sie schließlich
daran zugrunde gehen, dass sie dem Willen des Schöpfers und der
von ihm verfolgten Ordnung der Welt widersprechen. Wird Theologie so verstanden, als Teilhabe an dem Prozess, in dem Gott inner-

geschichtlich wirksam im Wort der Weisung und Zurechtweisung sich selbst vermittelt, dann überwindet Theologie die Versuchung einer rein objektivierenden Sprechweise, die von der Theologie selbst in Bezug auf Gott immer als inadäquat erkannt wurde. Gottesrede steht dann unter dem Primat der aktiven Einflussnahme in den gesellschaftlichen und politischen Prozessen der Gegenwart. Im Lichte eines solchen nicht mehr am Ideal der theoretischen Vernunft, sondern am Vollzug der praktischen Vernunft orientierten Modells theologischer Rede wird auch ein verändertes Verständnis biblischer Widersprüche möglich.

Widersprüche ergeben sich nämlich in der Sphäre der öffentlich-politischen Rede mit einer gewissen Notwendigkeit: Das in konkreten Situationen gesprochene Wort ist nicht für alle Zeiten unverwandelt gültig. Im Kontext einer sich rasant verändernden Wirklichkeit kann es plötzlich sogar für eine Zeit als gänzlich verfehlte Aussage dastehen. Der Wandel in der Verkündigung des Jeremia zeigt, wie der Gerichtsprophet im Angesicht der Katastrophe zum Heilspropheten wurde, weil Jeremia eben nicht nur Gerichtsprophet war, sondern Prophet JHWHs, und weil JHWHs Ziel nicht schlussendlich Verwüstung und Verheerung ist, sondern Leben in Fülle und für alle.

Rekonstruiert man Offenbarung so als *politisch-praktische Selbstvermittlungsgeschichte Gottes* durch das Werk biblischer Propheten und Schriftsteller, dann ist mit Widersprüchen als Elementen der Selbstvermittlungsgeschichte sehr wohl zu rechnen.

b) Das Buch Jona – eine polemische Streitschrift gegen die Theologie vom Zorn Gottes

Der biblische Kanon zählt das Büchlein Jona zu den zwölf kleinen Propheten. Dazu besteht auf den ersten Blick gesehen aller Anlass, denn das Buch beginnt mit jener stereotypen Wortereignisformel: „Das Wort des Herrn erging an …" (Jona 1,1), mit der die nicht selten heldischen Prophetenerzählungen des deuteronomistischen Geschichtsbuches ihren Anfang nehmen. Und auch der Auftrag, den Jona erhält, passt in das Modell des Unheilspropheten. Allein der sonderbare Name „Ninive", dem keine geographisch reale Größe zugeordnet werden kann, deutet an, dass hier keine Prophetengeschichte im üblichen Sinne erzählt wird. Unmittelbar nach der Auftragserteilung macht sich Jona auf. Allerdings nicht nach Ninive.

Der Unheilsprophet sucht sein Heil in der Flucht (Jona 1,3). Die scheinbare Prophetengestalt erweist sich so als Prophetenkarikatur. Was Jona motiviert fortzulaufen, ist keineswegs Furcht um sich selbst: Der scheinbare Prophet fürchtet den Tod nicht (1,12), ja er sehnt sich gar nach dem Tod (4,3.8), was auch durch die Symbolik seines Verhaltens zum Ausdruck kommt (*Hinab*-stieg in den *untersten Raum* des Schiffes, *Schlaf* statt Bemühung um Rettung von Schiff und Besatzung: 1,5b). Als er schließlich doch seinen Auftrag übernimmt, Ninive die Vernichtungsbotschaft zu überbringen, erweist sich Jona wieder als widerspenstig: Er geht nur einen Tag weit in die drei Tagereisen große Stadt (3,3.4). Als das Zorngericht gegen Ninive aufgehoben wird, wird Jona zornig und verlangt um seiner selbst willen Konsequenz Gottes im angedrohten Vernichtungshandeln (4,1). In Erwartung dieser Konsequenz zieht sich Jona auf Sichtweite von der Stadt zurück (4,5). So zeigt Jona einerseits stereotype Charakteristika eines deuteronomistischen Propheten, ist aber andererseits in karikaturhafter Überzeichnung gekennzeichnet durch inneren Widerwillen gegen Gott und seine Weisungen, durch Todessehnsucht und Zynismus. Als Gegenbild zu Jona kommt JHWH selbst in dem märchenhaften Text zu Wort: JHWH erklärt Jona die göttliche Psychologie seiner Abkehr vom angedrohten Zorngericht. Gott liebt als der Schöpfer alle seine Geschöpfe, Menschen und Tiere. Ihre Vernichtung schmerzt ihn, unabhängig von ihrer religiösen Konfession oder moralischen Qualität. Gott nimmt die Menschen vorrangig als Kinder wahr:

„Mir sollte es nicht leid sein um Ninive, der großen Stadt, in der mehr als hundertzwanzigtausend Menschen leben, die nicht einmal rechts und links unterscheiden können – und außerdem so viel Vieh?" (4,11)

Gott erkennt das Leben von Menschen und Tier als schützenswertes Gut. Das verbindet ihn mit den heidnischen Seeleuten, die sich auf das Äußerste anstrengen, die gesamte Schiffsbesatzung zu retten, auch den bereits als schuldig überführten Delinquenten Jona (1,13). Das verbindet Gott aber auch mit den Niniviten, die büßend und fastend, kaum dass sie von JHWHs Zorn erfahren haben, alles tun, um ihr Leben zu retten. Auch die Tiere beteiligen sich an den religiösen Rettungsmaßnahmen (3,8), wodurch deutlich wird, was von dem religiösen Eifer der Niniviten zu halten ist: Ihn motiviert keine hoch kultivierte Religiosität und Ethik, sondern nichts als die nackte Angst um das eigene Leben. Diese Angst kennt der JHWH-Gläubige nicht (1,9.12). Aber gcrade in dieser heroischen Überlegenheit über die tierische und infantile Lebenssehnsucht der heidnischen Seeleute und Niniviten ist Jona seinem Gott ferner als jene.

So ergibt sich die pikante theologische Pointe: In ihrer Sehnsucht nach Leben sind Heide, Kind und Tier dem Gott Israels näher als seine eigenen Propheten, die als deuteronomistische Unheilspropheten in Wirklichkeit in Tod und Untergang verliebt sind. Gott dagegen will das Leben nicht nur für das torakundige Israel, sondern für alle Menschen und Tiere deshalb, weil er alle Geschöpfe als der Schöpfer um ihrer Geschöpflichkeit willen liebt.

Das Jonabuch entstammt der nachstaatlichen Zeit Israels, dem Zeitraum zwischen 350 und 300 v. Chr.[31] Es formuliert gegen das Fortbestehen deuteronomistischer Traditionen einen polemischen Gegenentwurf. Theologische Schlüsselgedanken dieses Entwurfes sind Leben und Schöpfung. Beide Begriffe sprengen in universalisierender Weise den Rahmen der Erwählung Israels und stehen auf diese Weise gegen ein nationalistisches Missverständnis: Worin besteht das Heil JHWHs für Israel und der Sinn seiner Tora? Nicht in der Herrlichkeit und Größe Israels, sondern im Leben für alle Geschöpfe JHWHs.

In diesem veränderten theologischen Bezugssystem scheint der Zorn Gottes keinen Ort zu haben. Er erscheint höchstens noch als heilsfinalisiertes Mittel einer göttlichen Pädagogik, die Jona und die Niniviten zur Einsicht bringen will.

c) Die Überwindung der Vorstellung vom zornigen Gott in der Grundschicht der Priesterschrift

Die Grundschicht der Priesterschrift liefert in der Spätphase des babylonischen Exils die theologische Grundlegung eines nachexilischen Neuanfangs. Der Schöpfungsgedanke wird zur neuen theologischen Leitidee. Die JHWH-Monolatrie wird nunmehr im Sinne eines theoretischen Monotheismus verstanden. Als der Schöpfer ist Gott der eine Herr der Welt, der im Noach-Bund (Gen 9,8–17) ein feierliches Versprechen gibt allen Menschen gegenüber und „allen Wesen aus Fleisch"(V. 17), sie nicht wieder durch eine Sintflut zu verderben. In der priesterschriftlichen Bundestheologie ist die *berît* nicht länger Vertrag auf Gegenseitigkeit nach dem Muster

---

[31] E. Zenger, Das Zwölfprophetenbuch, in: ders. (Hrsg.), Einleitung in das Alte Testament, Stuttgart 1995, S. 369–436, hier: S. 403.

des assyrischen Vasallenvertrages. Abraham erhält in seiner bᵉrît keine Verpflichtung auferlegt, sondern nimmt eine feierliche Selbstverpflichtung Gottes entgegen (Gen 17,1–7). Auch im Sinaibund dominiert diese gnadentheologische Grundkonzeption: Gott wird für Israel zu JHWH. Er erwählt sich ein Volk, um bei ihm zu wohnen.

Entsprechend diesem veränderten theologischen Grundverständnis sieht die priesterschriftliche Grundschicht vollkommen ab von der Verwendung des Gotteszorn-Theologoumenons. Selbst bei der eigenen Gestaltung des Flutthemas durch die Priesterschrift (Gen 6–9) können die Autoren auf das sachlich ja sehr nahe liegende Motiv des Gotteszornes vollkommen verzichten: Fünfmal erwähnt der Verfasser der priesterschriftlichen Fluterzählung die Verderbtheit der Menschen (V. 6,11–13). Aus ihr resultiert der Vernichtungs*beschluss Elohims*, ohne dass von begleitenden Emotionen die Rede wäre. Auch als JHWH die Verleumder des Landes tötet (Num 14,37), handelt es sich nach der Schilderung der Priesterschrift um ein plötzliches Zu-Boden-Fallen der Delinquenten, das mit mechanischer Zwangsläufigkeit auf ihre Lüge folgt, ohne mit besonderen Emotionen JHWHs verbunden zu sein.

Wo die Priesterschrift den Gedanken des Gotteszornes wiederaufleben lässt, geschieht das bezeichnenderweise ohne das Attribut „Gottes": Lediglich „ein Zorn" droht Israel (Num 10,6; 17,11). Dieser entsubjektivierte „Zorn" findet so wenig eine sinnliche oder psychologische Konkretion, dass man in paradoxer Weise von einem zornlosen Zorn sprechen könnte.

6. Priesterliche Sühnetheologie
als Gegenentwurf zur Theologie des Gotteszorns

a) Der nachexilische Sühnekult in seinem Kontext

Die Priesterschrift begründet nachexilisch einen neuen Tempelkult mit regelmäßigen Sühn- und Sündopfern. Diese religionsgeschichtliche Leistung findet in der theologischen Literatur kaum eine positive Würdigung. Die Tatsache, dass Opfer immer im öffentlichen Hinschlachten von Tieren bestehen, die religionsgeschichtlich gesehen als Ersatz für vormalige Menschenopfer fungieren, legt den Verdacht nahe, dass die Wiedereinführung des Opfer nach dem Exil und nach den großen Leistungen der prophetischen Opferkritik nicht anders denn als *religionsgeschichtlicher Atavismus* verstanden werden kann. Mit der Kultkritik der Propheten war ja in Israel die Einsicht gereift, dass JHWH Liebe will, „nicht Schlachtopfer; Gotteserkenntnis statt Brandopfer" (Hos 6,6). Amos hatte begriffen, dass der Kult JHWH dazu verzweckt, dem den Schein des Heiligen zu geben, was JHWH in Wahrheit verabscheut, und er hatte die Konsequenz daraus gezogen, JHWH sprechen zu lassen: „Ich hasse eure Feste und kann euer Feiern nicht riechen" (Am 5,21). Bricht sich mit der Wiederaufnahme des Kultes nicht einfach eine anthropologisch bedingte Begierde zu opfern Bahn? Verfehlt Israel mit der Wiedereinführung des Opferkultes nicht die im Prophetenwort ergangene besondere Berufung Israels und wird auch im Religiösen wieder „wie alle Völker" (Dtn 17,14)?

Diese kritische Sichtweise des Opfers beurteilt das nachexilische Opfern jedoch zu einseitig im Ausgang von dem, was allem kultischen Opfern gemeinsam ist: (1) die *symbolisch-substitutive Lösung einer gesellschaftlichen Gewaltrealität* im gemeinsamen Töten eines Tieres[32] und (2) die relative *ethische Indifferenz sakrifizieller Religion.*

Entgegen dieser einseitig negativen Sicht ist mit Bernd Janowski (vgl. Anm. 35) ein differenzierter Blick auf das nachexilische Sündopfer aufschlussreich: Beim Sündopfer für die Sünden eines Priesters und beim Sündopfer für das ganze Volk wird jeweils ein Stier getötet (Lev 4,3.14). Vor der Schächtung legt der Priester (Lev 4,4) seine Hände auf den Kopf des Opfertieres. Bei Opferungen *für das ganze Volk* sind es die Sippenhäupter, die „ihre Hände vor dem Herrn auf den Kopf des Stiers legen". Diese Geste der Handaufstemmung kennzeichnet auch die anderen Sündopferrituale (Lev 4,22f.: Opfer für Sippenhäupter; Lev 4,27f.: Opfer für Einzelne). Janowski deutet sie nicht als *Übertragungsritual*, durch das symbolisch die Schuld auf das Opfertier übertragen würde. Diese Funktion hat die Handaufstemmung unzweifelhaft bei einer anderen Form des Opfers, nämlich bei der Vertreibung des Azazelbockes am Großen Versöhnungstag (Lev 16). Der Bock des Azazel ist der *Sündenbock*, der die Sünden der Gemeinde auf das Haupt geladen bekommt, um sie in die Wüste hinauszutragen und auf diese Weise die Gemeinde vom Bösen zu reinigen (Lev 16,5–10.20–22). Der Azazelbock funktioniert als Transportmittel für eine materialisiert gedachte *„materia pec-*

---

[32] Maßgeblich für diese Theorie der Anthropologie des Opferns ist René Girard, Das Heilige und die Gewalt, Zürich 1972.

cans", die aus dem Lager zu entfernen ist. Das Ritual nimmt die Sünde als eine sozial kontaminöse Realität wahr.

Bei der Stierschächtung dagegen findet keine symbolische Entfernung der materia peccans statt, sondern eine *kompensatorische Tötung*. Der Stier stirbt anstelle dessen, der seine eigene Todwürdigkeit einsieht. Das Handaufstemmungsritual ist in diesem Zusammenhang kein Transmissionssymbol, sondern *Identifikationsritual*. Die Sinnspitze des Rituals ist nicht die symbolische Beseitigung der sozial schädlichen Sündenfolgen, sondern die Auseinandersetzung des Täters mit seiner eigenen Schuld. Der Sünder identifiziert sich durch sie symbolisch mit dem zu tötenden Opfertier. Grundlage dieser Identifikation mit dem Opfertier ist die *Anerkenntnis der eigenen Todeswürdigkeit* aufgrund der begangenen Sünde. Versteht man das Opfer in diesem Sinne, so verlangt es vom Opfernden ein hohes Maß an *ethisch motivierter Selbstkritik*. Dem entspricht auch die genaue Funktionsbestimmung des Sündopfers, die stereotyp wiederholt wird: Es wird im Falle des Sippenoberhauptes dargebracht, wenn ein Sippenhaupt *ohne Vorsatz* etwas Verbotenes tut oder wenn ihm *mitgeteilt wird, dass er eine Verfehlung begangen hat* (Lev 4,22). Beide Konditionen deuten auf einen dem Opfer notwendig vorangegangenen *Prozess der ethischen Selbstkritik* hin: Der Einzelne muss in einer *von ihm selbst oder von anderen* eingeleiteten Prozess der kritischen Selbstreflexion einsehen, dass sein Verhalten sündhaft war, obwohl ihm das zuvor nicht bewusst war. Ähnliches gilt für die Sünde des ganzen Volkes. Auch hier ist das Opfer zu bringen, wenn eine bis dahin *nicht bewusste* und jedenfalls „ohne Vorsatz" begangene Sünde bekannt wird (Lev 4,13). Die bei allen vier Gruppen von Opfernden notwendige Bedingung „ohne Vorsatz" deutet auf ein sehr hohes Maß an ethischer Selbstreflexion hin. Sünde ist für die Priesterschrift nicht mehr nur einfach der *offene, manifeste Gemeinschaftsbruch mit unleugbaren Folgen*, begangen aus der eigennützigen, gemeinschaftsbrüchigen Gesinnung des einzelnen. Diesen Begriff von Sünde, „*pæša*'", als „Bruch" setzt die schriftprophetische Tradition voraus. Sünde ist ihr die manifeste, folgenschwere Störung der gemeinschafttragenden Rechtsordnung durch „handgreifliche Untaten", „Eigentums- und Personaldelikte".[33] Demgegenüber findet mit der Priesterschrift eine *Theologisierung des Rechts* statt, das mit einer wachsenden *Verinnerlichung des Ethos* einhergeht. Durch die Theologisierung des Rechts wird aus

---

[33] R. Koch, Die Sünde im Alten Testament, Frankfurt 1992, S. 30.

dem Bruch des Rechtes eines anderen Menschen ein *Bruch des Gottesrechts*, das eine entsprechende Sühne fordert. Insbesondere die Schutzbestimmungen für die Schwachen stellen ein „Einfallstor" für theologische Begründungen in das Rechtsdenken dar.[34] In Bezug auf die Schwachen nämlich lässt sich das Recht nicht ableiten aus der Sinnhaftigkeit reziproker Rücksichtnahme als eines hypothetischen Imperativs. Von der Rücksichtslosigkeit gegenüber dem Schwachen hat der Starke für sich selber keine negativen Folgen zu fürchten. Im theologisierten Recht aber wird JHWH selbst zum Grund dafür, dass das Lebensrecht der Wehrlosen zu achten ist.

Mit der Theologisierung des Rechts gehen die Interiorisierung des Rechtsdenkens und Sensibilisierung des Rechtsgewissens einher. JHWH als Träger von Rechtstiteln und Ansprüchen begegnet dem Einzelnen nicht als manifester forensischer Kontrahent, sondern in der kritischen Selbstkonfrontation (*Interiorisierung*), die vom Einzelnen verlangt, dass er Maßstäbe besitzt, sein eigenes Handeln kritisch selbst zu betrachten (*Gewissensbildung*). Dem gehobenen Niveau der Gewissensbildung entspricht eine Ethik, deren Gebote nur von demjenigen sinnvoll erfüllt werden können, der ihren Geist versteht und bejaht. Dies gilt etwa für das Nachleseverbot des Heiligkeitsgesetzes (Lev 19,9–10). Es gebietet eine rein landwirtschaftlich gesehen törichte Nachlässigkeit bei der Ernte, die den Armen die Möglichkeit der Nachlese ermöglicht. Diese Armenfürsorge durch Ermöglichung rettender Selbsttätigkeit der Bedürftigen muss vom erntenden Bauern aber als der Zweck des Gebotes erkannt und bejaht werden, damit er das Gebot in einer Weise erfüllt, die den Armen wirklich nützt. Das ethische Gebot kultiviert eine *soziale Empathie*, ohne die es nicht sinnvoll erfüllbar wäre.

Bedenkt man diesen Hintergrund der nachexilischen Entwicklung des Rechtsdenkens hin zur Moral, so wird verständlich, warum im Zusammenhang der Sündopfervorschriften diejenigen Sünden eine herausragende Rolle spielen, die unbewusst bzw. ohne Vorsatz verübt werden und die erst später, im Nachhinein, als Sünden zu Bewusstsein kommen. Es geht beim Sündopfer nicht darum, sich durch die kompensatorische Tötung eines Tieres alljährlich der Verantwortung für manifeste und bewusst begangene Untaten zu entziehen. Eine Sühnemöglichkeit durch Opfer kennt die Priesterschrift lediglich für *nicht vorsätzlich* begangene Sünden. Absichtlich began-

---

[34] E. Otto, Vom Rechtsbruch zur Sünde. Priesterliche Interpretation des Rechts, in: JBTh 9 (1994), S. 48.

gene Untaten können nur durch die Bestrafung des Täters gesühnt werden.[35] Außer für unbeabsichtigte Sünden kennt die Priesterschrift eine Sühnemöglichkeit für *geheime Sünden*. Diese aber müssen zum Zweck der Entsühnung *öffentlich bekannt werden* (Lev 4,2.22.27; 5,1–7; Num 5,5–8; 15,22). Das Sühnopfer entlastet nicht von den rechtlichen Verbindlichkeiten. Es ergänzt sie vielmehr um den Bereich der *inneren Gesinnung und Haltung*. Wo die Moral dem Recht solchermaßen zur Hilfe kommt, kann sogar damit gerechnet werden, dass Untäter ihre verborgen gebliebene Sünde bekennen. Damit aber beweisen sie, dass sie trotz ihrer Sünde zum Gemeinschaftsleben fähig und willens sind, sodass auch ihnen die Sühne aufgrund des Opfers gewährt wird.

Sühne ist im priesterschriftlichen Verständnis kein Tausch (Leben und Blut des geschlachteten Opfertieres für das Leben des verschonten Sünders). Das Opferritual ist vielmehr zu deuten im Komplex des veränderten Ethos und der Kultivierung symbolischen Verstehens als *Moment einer inneren Umkehr*, wie sie der Interiorisierung des Ethos und der Gewissensbildung entspricht. Damit aber vollzieht die Priesterschrift eine Neuinterpretation des archaischen Opfers, das ohne weitere theologische Reflexion vollzogen wird und bei dem nicht die Motivation der Opfernden interessiert, sondern der ritualgerechte Vollzug des Opfers. Das archaische Opfer ist religionsgeschichtliches Allgemeingut. Das priesterschriftliche Opfer erweist den Willen, das religionsgeschichtlich allgemeine Opfer an JHWH zu binden und an das Programm einer JHWH-Gemeinde, die sich vor allem als Gemeinde der gewissenhaften Treue gegen JHWHs Gebote vollzieht.

Die mit dem Opfer gewährte Sühne ist nicht Folge des Opfers, sondern gründet alleine in der Gnade JHWHs. Nicht die Gemeinde vollzieht mit dem Opfer die Sühne. JHWH ist es, der die Sühne vollzieht.[36] Nach der Schächtung des Opfertieres wird sein Blut in das Innere des Tempels verbracht, das nach der Priesterschrift wesentlich Begegnungszelt ist. Im Tempel als dem Ort der Deszendenz Gottes ist das Blut das Symbols des Lebens der Sünder, die symbolisch im Stier gestorben sind und ihr Blut/Leben nunmehr am Ort der Deszendenz JHWHs Gott hingeben.[37]

---

[35] B. Janowski, Sühne als Heilsgeschehen. Studien zur Sühnetheologie der Priesterschrift und zur Wurzel KPR im Alten Orient und im Alten Testament, Neurkirchen-Vluyn 1982, S. 253–259.
[36] Ebd., S. 133 f.
[37] Ebd., S. 348 ff.

Die symbolische Hingabe des Lebens ist geschuldete Pflicht, weil der Sünder kein Lebensrecht in der Gemeinschaft hat. Das erneuerte Leben des Sühnenden, der den Tempel wieder verlassen kann, ist Geschenk JHWHs.

Die Bestimmung über das Verbot des Blutgenusses (Lev 17,10) erfährt eine Begründung (Lev 17,11a), die die vorangegangenen Überlegungen bestätigt: Das Blut ist die von JHWH herkommende Gabe, die Israel *gegeben* ist, damit es etwas hat, womit es „auf dem Altar für [sein] Leben die Sühne vollzieht".

b) Sühnekult und Gotteszorn

Der Sühnekult der nachexilischen Gemeinde ist nicht weniger als die Priesterschrift insgesamt geprägt durch die Überwindung der klassisch-prophetischen und deuteronomistischen Vorstellung vom zornigen Gott. Die Propheten hatten vorexilisch das Recht der Armen als Gottesrecht nur verteidigen können, indem sie dieses Recht in den Horizont der Verkündigung eines Tages JHWHs rückten, an dem Gott für sein gebeugtes Recht Rache nehmen wird. Der Zorn JHWHs war gekennzeichnet durch die Unterlegenheit JHWHs im politisch-ökonomischen Gemeinwesen Israels. Der Gott des Exodus, der sich mit seinem Programm menschlicher Gemeinschaft im Staat Israel nicht durchsetzen konnte, kündigt diesem Staat den Untergang an. Die Priesterschrift dagegen macht die Möglichkeit eines Neuanfangs zum Thema.

Grund und Bedingung des priesterschriftlichen Optimismus ist die Bereitschaft der nachexilischen Gemeinde, sich nunmehr wirklich von JHWH verwandeln zu lassen. Medium dieser Verwandlung ist ein Kult, der die individuelle Gewissensbildung in den Vordergrund rückt. Zu einer solchen auf das Individuum und seine Gewissensbildung zugeschnittenen poststaatlichen Konzeption des Verhältnisses JHWHs zu Israel passt der Gedanke des Gotteszornes nicht. JHWH erscheint vielmehr als der *Geber des Lebens* und als der Errichter einer Leben ermöglichenden Schöpfungsordnung. *Leben* wird zum entscheidenden Schlüsselbegriff priesterschriftlicher Heilsvorstellung. Dem Leben steht der Mensch entgegen mit seiner Neigung zur Gewalttat (*ḥâmâs*). Als der Geber des Lebens ist *Gott der Heilige.*

Heiligkeit und *Reinheit* bezeichnen in der Priesterschrift die Diskrepanz zwischen Gott und den Menschen. Diese Diskrepanz ist je-

doch nicht einfach schlechthin unüberbrückbar. Zunächst im kultischen Bereich wird an den Menschen für die Dauer des Kultes
selbst der Anspruch der Reinheit gestellt. Diese Reinheit im Sinne
einer äußeren Etikette des Umganges mit Gott verbindet kultische
und hygienische Vorschriften. So entspricht sie der zentralen theologischen Überzeugung vom Leben als der Gabe JHWHs: Rein ist,
was dem Leben als der Gabe Gottes entspricht, unrein ist, was das
Leben gefährdet. Was dem Leben entspricht, entspricht auch Gott.

Vom kultischen Bereich erfährt die Reinheit innerhalb der Priesterschrift eine Ausweitung auf das ganze Leben: Da JHWH inmitten
seines wandernden Exodusvolkes wohnt, ist das Lager insgesamt
rein zu halten (Num 5,2f.) JHWH will ein Königreich von Priestern
(Ex 19,6a). Die Diskrepanz zwischen heilig und profan, die für die
Priesterschrift im Interesse der Stärkung des neu zu begründenden
Tempelkultes einerseits ein eigenes Grundanliegen darstellt, wird
andererseits mit der Tendenz zu ihrer Überwindung verknüpft. Das
Heilige, das der Tempelgottesdienst zur Darstellung bringen soll, ist
kein Selbstzweck, sondern finalisiert auf das *Ziel der Heiligung des
Volkes* insgesamt, und jene wiederum ist finalisiert auf die Heiligung
der Menschheit und aller Lebewesen.

Wenn Heiligkeit und Reinheit die Begriffe sind, die in der Priesterschrift die Diskrepanzerfahrung zwischen Gott und Mensch be-
inhalten, so treten diese Begriffe in gewisser Weise das Erbe der
prophetischen Zornrede an. Der *aktiv-politische Aspekt* des Zor-
nesbegriffes wird dabei jedoch abgelöst durch den *ontologischen
Aspekt* des Heiligkeitsbegriffes. Dennoch enthält auch der Heilig-
keitsbegriff eine aktiv-politische Dimension, insofern der Heilige
die Heiligung der Menschen will. Die Unüberwindbarkeit der im
Zorngedanken ausgedrückten *Differenzerfahrung* wird abgelöst
durch die Vorstellung, JHWH selbst bewirke die Überwindung der
Differenz zwischen sich und seinem Volk.

Der Erfolg dieses priesterschriftlichen Konzepts der Differenz
zwischen JHWH und seinem Volk hängt daran, ob es gelingt,
JHWHs Heiligungshandeln so darzustellen und zur Geltung zu
bringen, dass die Grunddifferenz zwischen JHWH und seinem Volk
nicht eingeebnet wird, was alleine die Möglichkeit ihres Überwun-
denwerdens öffnet. Einebnung der Differenz geschähe in einem
wirklich nur affirmativen Kult. Nur wo der Kult die Differenzerfahrung wach hält, besteht die Chance, dass er Menschen verändern
kann und so zu einer wirklich heilshaften Überwindung der Differenz zwischen dem Volk und seinem heiligen Gott beiträgt. Heilig-

keit und Reinheit müssen zu diesem Zweck als *Handlungsbegriffe* verstanden werden. Dem entspricht die *Ethisierung* und *Extensivierung* des Heiligkeitsbegriffes, den die Priesterschrift vornimmt.

c) Gottes Strafen in der priesterschriftlichen Tradition

Die priesterschriftliche Theologie des göttlichen Strafhandelns lässt eine doppelte Tendenz erkennen: Zum einen erscheint Gott als der, der die menschlichen Anschläge auf seine gute Schöpfungsordnung, zu der als ihr Lebensgesetz auch die Tora gehört, abwehrt. Zum anderen versucht die Priesterschrift den Vollzug von Strafe durch Substitutionsleistungen des Täters auszusetzen.

Als Kämpfer gegen die menschliche Gewalt (*hâmâs*) erscheint Elohim in der priesterschriftlichen Fluterzählung. Die priesterschriftliche Exposition zur Fluterzählung (Gen 6,9–13) verliert kein Wort über den Gotteszorn als Motiv der Sintflut. Fünffach aber (3 × „verdorben": *šahet*, 3 × „voller Gewalttat": *hâmâs*) betont der Text die als Gewalt qualifizierte Verderbtheit der Menschen. Sie zieht leidenschaftslos, geradezu zwangsläufig nach sich, dass Gott nun die Menschen verderben will (Gen 6,13): Die Schöpfung findet ihren Sinn im Frieden der Geschöpfe. Wo dieser Friede gestört ist, fällt sie der Vernichtung anheim. Das ist offensichtlich das Gesetz, das dieser Schöpfung eingestiftet ist. Das Ende der Fluterzählung lässt dann aber Gott noch einmal in einer anderen Rolle erscheinen: Er stellt seinen Kriegsbogen (*qœšæt*) in die Wolken zum Zeichen seiner bewahrenden Wehrhaftigkeit gegenüber der menschlichen Bosheit (Gen 9,12).

Dieser Finalisiertheit des göttlichen Machthandelns in der Natur auf die *Bewahrung der Schöpfung als Lebensraum* entspricht die Finalisierung des Strafrechts auf die *Wiedergutmachung der Tatfolgen* und die *Reintegration des Straftäters in die Gemeinschaft*. Bei Mord und bei Verbrechen „mit erhobener Hand"[38] ist die Todesstrafe geboten. Bei allen anderen Schäden, die Menschen einander zufügen,

---

[38] A. Schenker deutet die Formel „mit erhobener Hand" nicht nur im Sinne der Bewusstheit und Vorsätzlichkeit der Tat, sondern im Sinne von Öffentlichkeit der Tat sowie Reuelosigkeit und Halsstarrigkeit des Täters (Ders., Versöhnung und Widerstand. Bibeltheologische Untersuchungen zum Strafen Gottes und der Menschen besonders im Lichte von Ex 21–22, Stuttgart 1990, S. 84).

gebietet das Bundesbuch in seiner priesterschriftlichen Fassung
Schadensersatz. Wo der Schaden nicht ersetzt werden kann, ist als
Ausgleich dem Täter der Schaden zuzufügen, den er anderen zugefügt hat.[39]
Diese Straflogik ist höchst rational. Sie zielt darauf, das Gemeinwesen gegen manifeste Gewalttäter effektiv zu schützen. Zugleich
entspricht es dem Rachebedürfnis der Opfer, dem jedes Recht entsprechen muss, das die Blutrache effektiv vermeiden will. Das Rachebedürfnis der Opfer aber wird beschnitten durch das Bedürfnis,
auch den Täter nach Möglichkeit zu reintegrieren.

Das priesterschriftliche Verhältnis zur Gewalt erscheint also als
gekennzeichnet durch die optimistische Einschätzung der menschlichen Verhältnisse als grundsätzlich rational *organisierbar im Sinne
einer schöpfungsgemäßen Lebensordnung aller Menschen*. In diesem
Konzept hat der Zorn Gottes, der aus dem prophetischen Protest
gegen das endgültige Versagen der staatliche Organisation von Gerechtigkeit entstammt, keinen Ort mehr. Die Priesterschrift hat ihre
eigene Terminologie gefunden, um die Differenz zwischen Gott und
Mensch einerseits zu wahren, aber andererseits als vom Menschen
schrittweise überwindbare darzustellen.

7. Der Zorn Gottes im weisheitlichen Schrifttum

a) Die weisheitliche Grundidee
des Tun-Ergehen-Zusammenhanges

Weisheitliches Denken ist von seinem Ursprung her *empirische
Erfahrungslogik*, basierend auf der Beobachtung gelingenden und
misslingenden Lebens.[40] Weisheitliche Lehrtradition hat den einzelnen Schüler zum Adressaten, dem Regeln an die Hand gegeben
werden, nach denen erfahrungsgemäß menschliches Leben gelingt.
Die weisheitliche Ethik hat somit die ethiklogische Tiefenstruktur
hypothetischer Imperative.

Demgegenüber vertritt die Prophetie den kategorischen Imperati-
tiv eines Rechts jedes Einzelnen, auf der Grundlage eigener Arbeit
ein Leben in Würde und Sicherheit führen zu können. Die Prophetie verteidigt diesen Anspruch in Zeiten, in denen die soziale Ord-

---

[39] Ebd., S. 83–85.
[40] C. Westermann, Wurzeln der Weisheit, Göttingen 1990, S. 15–50.

nung so weit degeneriert ist, dass sie hinter dem Anspruch dieses kategorischen Imperativs zurückbleibt.

Die Weisheit dagegen setzt ursprünglich eine funktionierende soziale Ordnung voraus. Ihre Sätze sind keine Rechtssätze, sondern *Klugheitsregeln*, die das eigene Leben in Wohlstand und in Frieden mit den Nachbarn garantieren sollen. Aber nicht nur die gesellschaftliche Ordnung ist für das weisheitliche Denken intakt. Die gesellschaftliche Ordnung ist direkter Ausdruck eines sich in Natur und Gesellschaft realisierenden göttlichen Ordnungswillens.

Dem weisheitlichen Denken am nächsten liegt die Theologie der Schöpfung: In den älteren Teilen des Buches der Sprichwörter (Kap. 10–29) ist es die Menschenschöpfung, in den großen Lehrgedichten (Kap. 1–9) ist es die Schöpfung des Kosmos, an die der Weisheitslehrer seine Einsichten rückbindet.[41] In der erfahrenen gesellschaftlichen Wirklichkeit wirkt ein Tun-Ergehen-Zusammenhang, der sicherstellt, dass der Gute prosperiert und in Ansehen steht, während der Törichte sich zu gottlosem und bösem Tun verleiten lässt und so ganz konsequent zugrunde geht. Diese universalisierte Klugheitsregel „Tue das Gute, und es wird dir gut ergehen" wird theologisiert, indem die ihr zugrunde liegende Ordnung als Ausdruck des göttlichen Willens verstanden wird. Der göttliche Wille aber wirkt nicht unterbrechend in die Welt hinein, sondern vermittelt durch eine verlässliche Schöpfungsordnung. Gesellschaftliche Wirklichkeit, Schöpfung und Gottes Wille konvergieren und bilden die ontologische Grundlage dafür, dass die kluge Einsicht des Einzelnen in die wahren Verhältnisse der Dinge und in die Wahrheit des menschlichen Miteinanders zugleich Einsicht in den Willen Gottes ist, der sich nicht anders als in der Schöpfung offenbart.

Dem Gehorsam gegenüber dem so erkannten Willen Gottes entspricht das göttliche Wohlwollen als die theologische Deutung der erlebten Wohlfahrt dessen, der sich klug und damit zugleich gerecht verhält. Der Tor aber vertraut seinem eigenen Verstand, rebelliert vorwitzig gegen die Ordnung des Kosmos und der menschlichen Natur und geht konsequenterweise zugrunde. Die Weisheit braucht für das Funktionieren des Tun-Ergehen-Zusammenhanges kein Eingreifen Gottes und folglich auch keinen es begleitenden Gotteszorn. In weisheitlichen Psalmen taucht bisweilen der strafende Gott als zürnender auf (Ps 27,9; 38,3; 90,7f.). Insgesamt aber passt das Theo-

---

[41] P. Doll, Menschenschöpfung und Weltschöpfung in der alttestamentlichen Weisheit, Stuttgart 1985, S. 9–28.

logoumenon vom Zürnen Gottes schlecht in die aufgeklärte Theologie der Weisheit. Dennoch systematisiert und perfektioniert die Weisheitsliteratur eine theologische Überzeugung, die sich auch in der späten Prophetie des Ezechiel als eine systematische Fortsetzung prophetischer Zorn-Gottes-Logik findet: Gott straft individuell und selektiv ethisch falsches Verhalten. Nicht Völker und Nationen verfallen dem nahenden Strafgericht, sondern der gesetzlose Tor, der in seinem Herzen spricht: „Es gibt keinen Gott" (Ps 53,1). Gegen ihn ergeht die Strafverfügung des im Himmel thronenden Herrn, der sie scheitern lässt, weil er sie verworfen hat (V. 6). Dazu braucht Gott nicht zu erzürnen, denn seine Ordnung ist niemals ernsthaft in Gefahr durch den rebellischen Sünder.

b) Die empirische Widerlegung
des Tun-Ergehen-Zusammenhanges
als Krise weisheitlichen Denkens

Der Autor des Kohelet-Buches steht mit der für ihn leitenden Fragestellung nach der Möglichkeit eines glücklichen Lebens in der Tradition der Weisheit. Anders als die Weisheitslehrer kann Kohelet das *Herkommen* einer Einsicht nicht mehr als hinlänglichen Grund für ihre Richtigkeit akzeptieren. Er unterzieht die allgemeine Überzeugung, dass es dem Gerechten gut gehe, während der Frevler leiden müsse, einer empirischen Untersuchung aufgrund eigener Lebenserfahrung (Koh 8):

„Dabei habe ich beobachtet, dass die Menschen, die das Gesetz übertreten haben, ein Begräbnis erhielten, während andere, die Recht getan haben, ankamen und vom Ort des Heiligtums wieder weggehen und schon bald in der Stadt vergessen sein werden. Auch das ist Windhauch [*hæbæl*]." (Koh 8,10)

Begräbnis und Gedächtnis sind die einzige Form der Unsterblichkeit, die das königszeitliche Israel kennt und denen deshalb größter Wert beigelegt wurde.[42] Für die zitierte Stelle dürfte eine nachexilisch gemilderte Form des Totenkultes vorauszusetzen sein.
Aber nicht erst nach dem Tode erweist sich die endgültige Unzuverlässigkeit des Tun-Ergehen-Zusammenhanges. Schon im Leben zeigt die Erfahrung:

---

[42] H. Niehr, Aspekte des Totengedenkens im Juda der Königszeit, in: ThQ 178 (1998), S. 1–13.

„Ein Sünder kann hundertmal Böses tun
und dennoch lange leben." (Koh 8,11)

Kohelet zieht aus den Beobachtungen die Konsequenz, dass es
überhaupt keinen Zusammenhang zwischen dem ethischen Verhalten eines Menschen und seinem Schicksal gibt:

„Dem Guten ergeht es wie dem Sünder, dem Schwörenden ebenso wie dem,
der den Schwur scheut. Das ist das Schlimme an allem, was unter der Sonne
getan wurde, dass alle ein und dasselbe Geschick trifft" (Koh 9,3)

Kohelet sieht deutlich die verheerenden Wirkungen dieser Erkenntnis auf die Moral: Die Lust zum Bösen wächst, und die Verblendung erfasst ihren Geist (9,3), denn die Vorstellung davon, dass
JHWH das Glück der Menschen nach ihren guten Taten bemisst, ist
durch die Erfahrung als *hæbæl* überführt, als „Windhauch", als
flüchtige, unbedeutende Wahrnehmung ohne Wahrheit und tieferen
Sinn.

Was aber macht Sinn im Leben eines Menschen? Kohelet vertritt
als Denker der Jerusalemer Oberschicht des 3. Jahrhunderts eine
epikureisch anmutende Carpe-diem-Philosophie: Essen, Trinken,
Lebensgenuss an der Seite einer Frau und tatkräftige Weltgestal-
tung. „Das ist dein Anteil am Leben [...]." (Koh 9,9) Mit einem gewissen Recht ist deshalb gegen Kohelet eingewandt worden, er ver-
abschiede sich aus der „israelitischen Glaubenstradition".[43] Ludger
Schwienhorst-Schönberger dagegen erblickt im Kohelet-Buch einen
genuin theologischen Erkenntnisüberschuss gegenüber Epikur:
Kohelet hält das Glück des Menschen trotz seiner Betonung der Bedeutung energischer Tätigkeit nicht für *machbar* durch den Menschen. Alles Glück, das der Mensch findet, gründet nicht in ihm, sondern er empfängt es von Gott (Koh 2,24).[44] Als theoretischer Satz
verstanden, kann diese Einsicht nur zur Rebellion gegen einen dann
offensichtlich ungerechten Gott aufrufen. Die Erkenntnisabsicht
des Kohelet-Buches ist jedoch nicht metaphysisch-theoretischer,
sondern praktischer Natur: Es dient dem Glück des Menschen,
diese Haltung zu kultivieren, alles dankbar anzunehmen und ansonsten kraftvoll das Eigene zu tun. So wahr diese Einsicht ist, so wenig
vermag sie die Einsicht Michels zu entkräften, dass mit Kohelet spe-

---

[43] D. Michel, Qohelet, Darmstadt 1989, S. 72.
[44] L. Schwienhorst-Schönberger, „Nicht im Menschen gründet das Glück"
(Koh 2, 24). Kohelet im Spannungsfeld jüdischer Weisheit und hellenistischer Philosophie, Freiburg 1994, S. 322.

zifische Traditionen des jüdisch-israelischen Gottesglaubens aufgegeben werden.

Systematisch-theologisch bleibt allerdings die Berechtigung der Einsicht Kohelets zu konstatieren. Wenn man die prophetische Überzeugung von dem geschichtsmächtigen Einsatz JHWHs für seine Lebensordnung im weisheitlich-pädagogischen Interesse ausdehnt zu der Lehre von einer in jedem Menschenleben wirksamen Erfahrung des strafenden und begünstigenden Handelns Gottes, dann muss diese These der Überprüfung durch die Erfahrung standhalten, um ihren Wert zu erweisen. Die Aufdeckung der empirischen Widerlegbarkeit des individualisierten Tun-Ergehen-Zusammenhanges allerdings wird von Kohelet als religiös-theologische Leistung empfunden, und Schwienhorst-Schönberger folgt Kohelet in dieser Selbsteinschätzung. Das hat seine Berechtigung. Denn die Einsicht in die empirische Widerlegung des Tun-Ergehen-Zusammenhanges ist nicht einfach religiös-theologisch zerstörerisch. Kohelet wehrt mit seiner theologischen Einsicht ein Gottesbild ab, das Gott zur buchhalterisch genau funktionierenden Instanz menschlicher Moralität machen würde. Diese Sicht Gottes ist religiös so verfehlt, dass sie von sich aus in den Atheismus mündet. Ein Gott nach diesem Ideal wäre nämlich am besten kein Gott, sondern ein mit der Genauigkeit eines Sparkassencomputers funktionierendes Gerät. Der personale Charakter Gottes als des Gegenübers eines Menschen ginge verloren, würde Gott in den Erwartungshorizont menschlicher Gerechtigkeitsvorstellungen hineingezwängt. Dies ist die große, religiöse Weite atmende theologische Einsicht des Predigers, die mit Recht als des biblischen Gottes würdig gewertet werden darf.

Wenn der geschichtsmächtige Zorn Gottes mutiert in ein präzise abrechnendes, Strafe und Wohltat verwaltendes göttliches Verrechnen, dann muss diese Metamorphose theologisch überwunden werden, weil sie nur scheinbar dem biblischen Gottesbild entspricht, es in wirklich jedoch in seiner religiösen Wirksamkeit zerstören würde.

c) Der Zorn Gottes als poetisch-theologisches Mittel im Buch Ijob

Was Kohelet in abgeklärter Weise als Ergebnis der distanziert-analytischen Daseinsbetrachtung präsentiert, wird im Buch Ijob aus der Perspektive des subjektiven Erlebens dargeboten: In der Rah-

menerzählung des (Ijob 1–2; 42,7–16) sehen Exegeten den Grund-
bestand des Buches[45]: die jüdische Gestaltung des altorientalisch
weiter verbreiteten Motivs des leidenden Gerechten, der als solcher
die Gerechtigkeit der göttlichen Weltordnung, wie sie die Weisheit
zugrunde legt, in Frage stellt.

Ergänzt wird diese Grundschicht durch die umfänglichen Reden
der Freunde Ijobs, Elifa, Bildad und Zofar, die in der literarischen
Fiktion hinzukommen, um Ijob in seinem schweren Schicksal zu
trösten. Mit diesen Reden der Freunde unterzieht der Verfasser des
Ijobbuches die gängigen theologischen Erklärungen des insbesondere ungerechten Leidens einer Nagelprobe. Die Widerlegung der
jeweiligen theologischen Begründung der höheren Sinnhaftigkeit
des Leidens fällt Ijob mit seinen jeweiligen Antwortreden zu.

In diesen Antwortreden des Ijob greift der Verfasser auf die prophetische Rhetorik des Gotteszornes zurück: So schildert Ijob, Elohim habe ihn *im Nacken gepackt* (Ijob 16,12), der Zorn Elohims *zer-
reiße* ihn (16,9). Diese Raubtiermetaphorik verwendet Hosea, um
Gottes Zorneswüten gegen Israel zu stilisieren (Hos 10,16; 13,7).
Ijob schildert Gottes Kampf gegen ihn als Angriff des Bogenschüt-
zen, der mit vergifteten Pfeilen schießt (Ijob 6,4; 16,12 f.), damit an
die prophetische Stilisierung des Gotteszornes als Angriff feind-
licher Völker erinnernd. Auch das Netz des Jägers, das im Ijobbuch
zur Metapher für das Handeln JHWHs an Ijob wird (Ijob 19,6),
kennt die prophetische Rede vom Gotteszorn (Ez 12,13; 17,20; 32,3;
Hos 7,17). Was bei den Propheten metaphorischer Ausdruck des
hilflosen Ausgeliefertseins des Opfers ist, wird in den Psalmen auch
unter dem Aspekt der mit dem Netze legen verbundenen Heim-
tücke wahrgenommen (Ps 35,7 f., 57,6; 140,8) Genau dieser Aspekt
wird auch im Ijobbuch durch die Metapher des Netze auslegenden
Vogelfängers betont. Ja, Ijob lässt Elohim gar als wegelagernden
Räuber erscheinen (Ijob 19,8). Elohim hat sich verwandelt in den
Feind Ijobs (30,21), der Ijob in Angst und Schrecken versetzt und so
der Möglichkeit der Gegenwehr beraubt (23,16). Wie die zermal-
mende Naturgewalt des Wassers handelt Gott an Ijob (Ijob 14,19).

Der Eindruck, der durch diese Metaphorik erzeugt wird, ist derjenige einer *grotesk doppelten Unangemessenheit*: Gott kämpft mit
den Waffen, die ein schuldiges Volk in die Knie zwingen können,
gegen einen Einzelnen, der schuldlos ist. Durch diese doppelte Stili-

---

[45] L. Schwienhorst-Schönberger, Das Buch Ijob, in: E. Zenger (Hrsg.),
Einleitung in das Alte Testament, Stuttgart 1995, S. 230–241, hier: S. 235.

sierung der Inadäquatheit göttlichen Handelns an Ijob wird die Einsicht vertieft, dass die Vorstellung vom Tun-Ergehen-Zusammenhang mit Bezug auf den Einzelnen ein empirisch nicht stichhaltiges Theorem ist. Wollte man das Leiden des Einzelnen mit einem göttlichen Zornhandeln in Zusammenhang bringen, dann müsste man den göttlichen Zorn denken als eine höchst unberechenbare, irrationale Wirklichkeit. Als solche stellt Ijob den Gotteszorn dar, wenn er an den recht- und sinnlos wütenden Gott die Bitte heranträgt:

> „Dass du mich in der Unterwelt verstecktest,
> mich bergen wolltest, bis dein Zorn sich wendet." (Ijob 14,13)

Die Bitte unterstellt eine innergöttliche Gespaltenheit wie beim jähzornigen Menschen, der den Versuch unternimmt, die irrationale Macht des eigenen Wütens zu überlisten, um durch den eigenen Zorn nicht einen geliebten Menschen zu Schaden kommen zu lassen.

Auf dreifache Weise entfaltet Ijob die Inadäquatheit des göttlichen Handelns: (1) Es widerspricht der göttlichen Größe, dass der Ewige den Menschen unentwegt prüft und mustert, sodass der Mensch nicht seinen Speichel schlucken kann, ohne dass Gott dies einer strengen Bewertung unterzieht (Ijob 7,17–19). (2) Es widerspricht dem fürsorglichen Schöpferhandeln Gottes, dass er sein Geschöpf befehdet und ihm die Lebenszeit verleidet (10,8–22). Schließlich (3) betrachtet sich Ijob als schuldlos. Er braucht den Rechtsstreit mit JHWH deshalb nicht zu fürchten (Ijob 9,32–34).

Mit dem Motiv des Rechtsstreites (*rîb*) mit Gott wird ein weiteres Versatzstück der prophetischen Zorntradition im Ijobbuch in kritischer Absicht aufgenommen. Hosea verwendet die Metapher des Prozesses (*rîb*), den JHWH seinem Volk wegen dessen Untreue (Hos 4,1 f.) macht: Israel hat als JHWHs geliebte Ehefrau die gebotene eheliche freundlich-wohlwollende Geneigtheit gegenüber dem Gatten (*ḥæsæd*) vermissen lassen. Nun führt der Gatte den Rechtsstreit gegen die untreue Gattin. Ijob deckt eine andere metaphorische Dimension der Prozessmetapher auf: Prozesse dienen nicht alleine der zweifelsfreien Überführung des Unrechttäters, sondern ermöglichen auch die *forensische Gegenrede*, den Versuch der Rechtfertigung des Angeklagten. Auf eine solche könnte Ijob seine Hoffnung setzen, wäre Gott bereit, ihm die Chance eines Prozesses einzuräumen. Dann nämlich müsste Gott sich schon auf solche stützen, die „für Gott Verkehrtes reden, um seinetwillen Lügen sprechen" (Jjob 13,7). Prozesse bergen ein Risiko für den Ankläger, wenn seine Anklage sich als unbegründet erweist. So wird in Dan 13 den verruchten Ältesten ihr Versuch zum Verhängnis, das Prozessrecht als Mittel der Rache zu instrumentalisieren.

Wie Kohelet erklärt Ijob den Tun-Ergehen-Zusammenhang für widerlegt:

> „Einerlei; so sag' ich es denn:
> Schuldlos wie schuldig bringt er um." (9,22)

Die Frevler leben, werden alt, ihren Nachkommen geht es gut, ihre Häuser stehen in Frieden, und sie gedeihen in jeder Hinsicht (Ijob 21,7–13). Ja, Ijob versteigt sich sogar zu der Vermutung, dass es den Frevlern am prophetischen Tag des Zorns besser geht als den Gerechten (21,30).

Die Bestreitung der Berechtigung des göttlichen Zornes führt Ijob zu gewagten Fragen zum Sinn des göttlichen Zorns:

> „Nützt es dir, wenn du Gewalt verübst,
> dass du das Werk deiner Hände verwirfst,
> doch über dem Plan der Frevler aufstrahlst?" (10,3)

Sie haben Interpretationen Nahrung gegeben wie derjenigen von C. G. Jung, der erklärt, im Ijobbuch werde das Verhalten Gottes als das „eines vorzugsweise unbewussten Wesens erkannt, das man nicht moralisch beurteilen könne". „JHWH ist ein Phänomen, und nicht ein Mensch", wegen seines Gesteuertseins durch irrationale Motive eher von tierischer als von menschlicher Art.[46] Wer jedoch so weit geht, ignoriert den kommunikativen Kontext des Buches: Es will keine metaphysisch-abstrakte Lehre über das Wesen Gottes darbieten wie die spätere christliche Theologie. Es greift vielmehr engagiert und mit den Mitteln der literarischen Rhetorik ein in die Diskussion über den theologischen Sinn menschlichen Leidens. Diese Frage aber ist zunächst keine theoretisch-metaphysische Frage, sondern eine lebenspraktische, die auf das richtige Verhalten des Menschen im Leiden zielt: Soll sich der Mensch in sein Schicksal als gottgewollte Strafe ergeben, oder soll er im Namen der Gerechtigkeit und Schöpferliebe Gottes gegen sein Schicksal aufbegehren? Ist Resignation angesichts eines harten Schicksals die einzige religiös verantwortbare Handlungsweise, oder gibt es neben der resignativen Geduld auch die Berechtigung einer rebellierenden Ungeduld, die sich nicht abfinden will?

---

[46] C. G. Jung, Antwort auf Hiob, Olten 1973, S. 29.

Gerade durch die ausgedehnte Zitation traditioneller, insbesondere auch prophetischer Zornmotivik erhält das Ijobbuch eine besonders scharfe Spitze. Die gesamte Tradition des zornigen Gottes von der prophetischen Zorn-Gottes-Metaphorik bis zur weisheitlichen Tun-Ergehen-Dogmatik wird durch das im Handeln Gottes offensichtlich zu Tage tretende Gerechtigkeitsdefizit in Frage gestellt.

Die weisheitliche Tun-Ergehen-Theologie war weitgehend frei von Zorn-Terminologie: Der schöpfungsgemäße Mechanismus, demgemäß der Kluge, der Weise und Gerechte prosperierten, während der Tor sündigt und zu Grunde geht, bedarf keines zornig intermittierenden Wirkens Gottes. Zorn-Metaphorik wird innerhalb des weisheitlichen Denkens erst wieder in polemischer Absicht im Ijobbuch zitiert, um der Zurückweisung des Gedankens einer göttlich stabilisierten Gerechtigkeitsordnung in der Schöpfung selbst jene Schärfe und Spitze zu geben, wie sie dem Leiden des Einzelnen an der ungerechten Ordnung der Dinge gemäß ist.

d) Die eschatologische Rationalisierung des individuellen Tun-Ergehen-Zusammenhanges in der frühjüdischen Weisheit

Das spätalttestamentliche Weisheitsbuch setzt sich mit dem im Kohelet- und Ijobbuch entdeckten Plausibilitätsdefizit des Tun-Ergehen-Zusammenhanges auseinander. Grundlage ist dabei die auf der Basis der griechischen Überzeugung von einer unsterblichen Seele entwickelte Idee, dass mit dem Tod eines Menschen nicht alle Chancen auf gelingendes und glückliches Leben dahingehen, sondern dass vielmehr nach dem individuellen Tod die eschatologische Herrschaft Gottes beginnt, der jedem nach seinen Taten vergilt.

So kann das Weisheitsbuch sich in seinem ersten Kapitel mutig mit dem Skandalon aussetzen, das Ijob und Kohelet aufdeckten: Die Frevler (Weish 2,1) triumphieren und kehren sich keck von jedem sittlichen Lebenswandel ab (2,10–12). Die empirische Erfahrung des nicht plausiblen Tun-Ergehen-Zusammenhangs nehmen sie zum Anlass eines grausamen Experimentes: Sie wollen den Gerechten „roh und grausam" (2,19) behandeln, ihn schließlich „zu einem ehrlosen Tod verurteilen" (2,20), um zu sehen, ob Gott ihm zu Hilfe kommt.

„So denken sie, aber sie irren sich; denn ihre Schlechtigkeit macht sie blind. Sie verstehen von Gottes Geheimnissen nichts, sie hoffen nicht auf Lohn für die Frömmigkeit und erwarten keine Auszeichnung für untadelige Seelen." (Weish 2,21 f.)

Mit dem Tod treten sie ein in Gottes Gericht „über ihre Sünden".

„Dann wird der Gerechte voll Zuversicht dastehen vor denen, die ihn bedrängt und seine Mühen verachtet haben." (Weish 5,1)

Ein Weiterleben nach dem Tod verlängert den Zeitraum, innerhalb dessen durch göttliches Handeln individuelle Gerechtigkeit hergestellt wird. Diese Einsicht wird sinnfällig illustriert mit den beiden Exempla der kinderlosen Unschuldigen und dem frühen Tod des Gerechten (3,13–19; 4,1). In dem verlängerten Bewährungsraum göttlicher Gerechtigkeit wird sich das Leiden der Kinderlosen in Seligkeit und Ehre wandeln (3,13), das Unglück des früh Verstorbenen in ein Leben „in Gottes Ruhe" (4,7). Sein früher Tod ist nicht göttliche Strafe, vielmehr bringt Gott ihn „in Sicherheit" (4,17). Sein Leben in Ewigkeit wird zur Furcht seiner Peiniger (5,2). Ihr perverser Triumph, in dem sie glaubten, das Ende des Gerechten sei ehrlos gewesen (2,20; 5,4), erweist sich nun als der fatale Grundirrtum ihres Lebens, dass sie nämlich weder an Gott glaubten noch an seine Macht, die empirische Ordnung nach dem Tod jedes Menschen im Sinne der Gerechtigkeit zu revolutionieren. Im Licht der von Gott kommenden Lebensfülle des verstorbenen Gerechten erkennen die Frevler nun die Vergeblichkeit ihres scheinbaren Glücks in „Reichtum und Prahlerei" (5,8). Sie begreifen, dass das Koheletsche Vanitas-Motiv nicht das Leben des Menschen überhaupt betrifft, sondern lediglich ihr eigenes Leben, dessen Vergeblichkeit sie schon zu Lebzeiten ahnen in dem Überdruss, den ihnen ihr eigenes Unrechttun bereitet (5,7).

Die Vergeltung nach dem Tod hebt aber dabei die innerweltliche Vergeltung nicht auf, sondern ergänzt sie lediglich. Bereits vor dem Tod wird der Erfolg der Frevler aufgefressen, was das Weisheitsbuch insbesondere mit dem Zerfall der Familien von Frevlern illustriert (4,1–6).

Zwar greift auch das Weisheitsbuch auf die prophetische Zorn-Gottes-Rhetorik zurück (5,17–23). Angesichts der Grundkonzeption der postmortalen Vergeltung wirkt die Zorn-Rede jedoch überflüssig und deplatziert. Das Gericht über den Sünder besteht in der ewig andauernden Erfahrung der radikalen Vergeblichkeit und Unsinnigkeit seines Strebens und Trachtens, die er im Leben schon als

Überdruss und Erfolglosigkeit durchleidet, die aber im Tod noch einmal verschärft offenbar wird durch die Seligkeit des Gerechten. Die Perspektive einer in Ewigkeit erlebbaren *poena damni*, eines definitiven Verfehlens dessen, was dem Menschen mit seinem Leben möglich gewesen wäre, ist so grausig, dass die Zornesmetaphorik des gerüsteten Gottes, der behelmt und gepanzert seinen Zorn zum Schwert schmiedet, um Blitzpfeile zu schleudern und Hagelkörner, Fluten wüten zu lassen und Stürme (5,17–23), weit hinter dem zurückbleibt, was im Weisheitsbuch an individueller Strafe Gottes denkbar wurde. Ja, angesichts der furchtbaren Strafpotenz Gottes setzt sich ganz entgegen dem Tenor prophetischer Zornrede im Weisheitsbuch die Einsicht durch:

„Weil du über Stärke verfügst, richtest du in Milde und behandelst uns mit großer Nachsicht; denn die Macht steht dir zu Verfügung, wann immer du willst." (Weish 12,18)

Gottes Strafen ist kein irrationales Wüten, sondern ein nach Axiomen erfolgendes, pädagogisch motiviertes, dosiertes Vorgehen.

e) Der strafende Gott in der Geschichte Israels

Die Kapitel 10–19 des Weisheitsbuches sind einer großen geschichtstheologischen Retrospektive gewidmet. Das theologische Fundament dieses Entwurfes ist jedoch *schöpfungstheologischer Natur*: Gott als der Schöpfer liebt alle seine Geschöpfe, verabscheut nichts von dem, was er gemacht hat. Alles ist sein Eigentum. Er ist der „Freund des Lebens" (Weish 11,24). Diese der Konzeption der Priesterschrift und des Jonabuches verwandte Position wird nun allerdings heilsgeschichtlich präzisiert: Die Kanaanäer werden von Gott „nach und nach" bestraft (12,2), weil sie sich seinen Hass zuzogen (12,3). Trotz dieses Hasses bleibt die göttliche Strafe mäßig, denn die Strafe soll den Sündern Mahnung sein, sich von ihrer Schlechtigkeit abzuwenden. Ursache des göttlichen Hasses ist der Götzenkult. Dieser erscheint jedoch im Weisheitsbuch als verabscheuungswürdig nicht wegen der Verletzung des Alleinverehrungsanspruches JHWHs, sondern wegen der abscheulichen Begleiterscheinungen des heidnischen Kultes. Unter diesen ragt der Brauch des Kindsopfers besonders heraus (12,5f.). Immer wieder gab Gott den Kanaanäern durch zahlreiche Niederlagen Gelegenheit zur Umkehr, bis sie schließlich das angestammte Land endgültig den Israeliten überlassen mussten.

Gottes Barmherzigkeit gründet in seiner Stärke. Weil er weiß, dass er sich durchsetzen wird, kann er nachsichtig sein und langmütig (Weish 12,15–18).

Ein Grundsatz der Theologie des göttlichen Strafhandelns im Weisheitsbuch ist das Axiom: „Man wird mit dem gestraft, womit man sündigt" (11,16). Dieser Grundsatz entspricht der pädagogischen Funktion der Strafe. Zugleich eröffnet er die Möglichkeit, die Strafe als eine weitgehend aus der Verfehlung selbst mit immanenter Zwangsläufigkeit sich ergebende Konsequenz zu deuten. So besteht das eigentliche Leiden der Ägypter während der Plage der Finsternis in der Angst, die wiederum ein Produkt der götzenerfinderischen Phantasie der Ägypter ist (Weish 17). Auch die Ägypter, die im Schilfmeer ertranken, wurden das Opfer ihrer Verblendung, die sie von der Totenklage weglaufen ließ, um den Israeliten nachzujagen (Weish 19,3f.).

Gott bedient sich beim Strafen grundsätzlich innerweltlicher Zweitursachen (Weish 11,17). Das Handeln Gottes folgt Zeiten, Maßen und Gewichten, die er selbst festlegt (Weish 11,20b).

8. Renaissance des Zorn-Gottes-Theologoumenons in der hellenistischen Zeit?

Die Zeit des Hellenismus bringt für die Völker des gesamten Vorderen Orients mit der überfremdenden Religionspolitik der Griechen eine „Verfinsterung ihrer jeweils national verschiedenen Hoffnungshorizonte"[47]. Zwei Gegenbewegungen zum Hellenismus bringt Israel hervor: zum einen den militanten Widerstand der Makkabäer, zum anderen das neue apokalyptische Geschichtskonzept asidäischer Kreise. Während sich die Makkabäer militant gegen die Okkupatoren zur Wehr setzten und für die Reinheit des JHWH-Tempelkultes gegen den verordneten Religionssynkretismus kämpfen, kann die asidäische Bewegung in dem gewaltsamen Widerstand keine reale Hoffnungsperspektive für Israel erblicken und gebiert stattdessen das theologische Konzept der Erwartung des weltgeschichtlich endgültigen Eingreifens Gottes.

Die Makkabäerbücher sprechen nur an wenigen Stellen vom Zorn Gottes. Diese Stellen lassen allerdings eine kohärente Theologie des Gotteszornes erkennen: Die Formel „ein gewaltiger Zorn

[47] K. Müller, Studien zur frühjüdischen Apokalyptik, Stuttgart 1991, S. 55.

lag auf Israel" (1 Makk 1,64) dient als summarische Zusammenfas-
sung für Tempelraub (1,20–24), fiskalische Ausbeutung (1,1–37),
ethnische Überfremdung (1,38–40) und religionsgesetzliche Unterdrückung (1,46–63) unter Antiochos IV. (175–164 v. Chr.). Der Erfolg des Feindes gründet im Zorn JHWHs gegen Israel, der allerdings diskreterweise nicht als Gotteszorn bezeichnet wird. Nach
dem alten deuteronomistischen Schema wird der Zorn nun wiederum als Konsequenz des Glaubensabfalls der hellenisierten Jerusalemer Oberschicht gedeutet. Dieser Befund wird ergänzt um den
Umkehrschluss: So wie diese Menschen die Schuld am Gotteszorn
tragen, so bewirkt die Vernichtung der Übeltäter, der Frevler und
Sünder durch Judas Makkabäus (1 Makk 3,8) die Abwendung des
Gotteszornes. Die in der Prophetie der Exilszeit herangereifte Vorstellung eines individuellen Zorngerichtes Gottes wird hier auf
eigenartige Weise mit der alten prophetischen Sicht des kollektiven
Zorngerichtes, das das ganze Volk trifft wegen der Sünden der
Oberschicht, verknüpft. Das Volk wird nur so lange von dem kollektiven, undifferenzierten Zorngericht getroffen, wie es selbst nicht
die Differenzierung vollzieht, die Übeltäter ausstößt und tötet. Der
in den Erfolgen der Okkupatoren spürbare göttliche Zorn soll zum
eigenen Zornhandeln motivieren. Dem entspricht, dass der göttliche
Zorn auch inhaltlich präzise das bewirkt, was der Zorn der Aufständischen beenden soll. Der Konflikt mit den hellenistischen Koloni-
satoren ist somit im Kern ein Konflikt mit JHWH, der sein Volk
zum Widerstand treiben will. Das aber bedeutet: Der Konflikt mit
den Hellenisten kann nur dadurch verloren werden, dass er nicht
aufgenommen wird, denn dann verweigert sich das Volk JHWH, der
die Macht der Okkupatoren nur anwachsen ließ, weil sein Volk
nicht entschlossen genug zum Widerstand bereit war.

Die alte prophetische Tradition tritt in den Makkabäerbüchern in
den Dienst einer religiös-politischen Propaganda.

Die Makkabäerbücher vermeiden die Verknüpfung des Zorn-Be-
griffes mit dem Gottesnamen, sie sprechen vom „großen Zorn",
oder es heißt „lodernder Zorn" (1 Makk 2,50). So erscheint die
Nennung des Zornbegriffes eher als ein Versatzstück der prophetischen Theologie, auf das mit einer gewissen theologischen Scheu
zurückgegriffen wird. Dazu passt, dass dem Gotteszorn keinerlei
göttliche Emotionalität entspricht.

Die selbst gewalttätigen Makkabäer kennen den Zorn Gottes nur
als blasses, wenig gestaltetes traditionelles Versatzstück, das benützt
wird, um die eigene Gegenwart theologisch deuten zu können als

Zeit von Gott erwarteter militärischer Bewährung. Die Gruppe der Asidäer dagegen, die sich nach der Einsetzung des Alkimus zum Hohen Priester von den Makkabäern abgewendet hat (1 Makk 7,12–18), erwartet von den militärischen Aktionen der Makkabäer keinen bedeutsamen, heilshaft relevanten Beitrag zur Geschichte Israels. In ihren Kreisen wird vielmehr ein völlig neues Geschichtskonzept geboren, das politische Gewalt als sinnlos und überflüssig ansieht, weil ein geschichtsbeendendes Handeln Gottes unmittelbar bevorsteht. Die eigene Gegenwart wird von diesem unmittelbar bevorstehenden Ende her gedeutet. Ihre Gewaltgeprägtheit und Aussichtslosigkeit erscheinen als Anzeichen des bevorstehenden Abbruches. Damit ist die eigene Gegenwart innerhalb eines universalgeschichtlichen Konzeptes deutbar als auch in ihrer unerträglichen Chaotik noch einmal umfasst durch das auf den heilvollen Aufgang im endgültigen Abbruch hin finalisierte Handeln Gottes. Die Toleranz gegenüber den nationalen und religiösen Katastrophen der hellenistischen Ära nimmt in dem Maße zu, in dem diese Katastrophen deutbar werden als das gottgewollte weltgeschichtliche Endspiel, in dem das Heil des universalen Herrn der Welt, der alle Weltgeschichte auch in ihren Katastrophen umfasst, anbrechen wird. Zugleich muss die Heilserwartung in einem Maße wachsen, das seinerseits alle Kategorien bisheriger Heilsvorstellungen sprengt.[48] Welt und Geschichte einerseits und göttliches Heil andererseits treten in radikaler Beziehungslosigkeit auseinander.[49]

Verbunden ist dieses neue Geschichtskonzept mit einem veränderten Gottesbild. Nur im neunten Kapitel des Danielbuches findet sich der Gottesname JHWH, ansonsten wird auch in der apokalyptischen Literatur gerne der nachexilische Gottesbegriff „Gott des Himmels" verwendet. In Dan 2,28–45, einem Text, in dem die Forschung das älteste apokalyptische Zeugnis innerhalb des Alten Testaments erblickt[50], wird Gott als „Gott des Himmels" und „großer Gott" bezeichnet. Diese neue Gottesbezeichnung entspricht der neuen Geschichtskonzeption: Waren schon Jesaja und Jeremia der Überzeugung, dass Gott fremde Völker zu Instrumenten seines Zorns gegen Israel macht, so wird Gott als „der Höchste" (Dan

---

[48] Ebd., S.53f.
[49] Ebd., S.54.
[50] M. Reiser, Die Gerichtspredigt Jesu. Eine Untersuchung zur eschatologischen Verkündigung Jesu und ihrem frühjüdischen Hintergrund, Münster 1990, S.52.

4,31), „der ewig lebt" (ebd.), jetzt wahrgenommen als der universale Herr der Weltgeschichte, der all ihren Abläufen zwar selbst vollkommen enthoben ist, der aber dennoch die Weltgeschichte mittelbar lenkt und so zu einem heilvollen Ende führt. Bei diesem Regieren und Lenken Gottes haben auch die fremden Reiche ihre Funktion, auch wenn dies nicht ohne weiteres offenkundig ist, denn Gottes Plan mit der Welt ist *ein verborgener, geheimer Plan*, den er allerdings ausgewählten Menschen partiell enthüllt.

Der Zwischenraum zwischen Himmel und Erde füllt sich bei den Asidäern mit dem Personal einer komplexen Angelologie: Der Herr des Himmels rettet mit Hilfe gesandter Engel (Dan 3,8). Er lenkt die Völker durch „Völkerengel" und „Fürsten". Innerhalb der apokalyptischen Literatur entsteht auch die Theologie des Engelsturzes. Der konkrete Mensch in seiner geschichtlichen Situation steht nicht nur unter dem Einfluss göttlicher Boten, sondern ist auch das Opfer dämonischer Versuchung. Die apokalyptische Angelologie ist Ausdruck einer tiefen Skepsis hinsichtlich der freien und bewussten Gestaltung der Welt. Der Einzelne erfährt sich vielmehr *Mächten und Gewalten* ausgeliefert, die einerseits als gottwidrig und nicht sein sollend empfunden werden, die aber andererseits dennoch eine Macht entfalten, der der Einzelne sich nicht vollkommen entziehen kann, sei es, weil diese Größen in ihrer Macht die objektiven Lebensbedingungen des Einzelnen determinieren, sei es, weil die Verführungskraft dieser Größen in das Wahrnehmen, Urteilen und Handeln des Einzelnen auf für ihn nicht mehr vollkommen kontrollierbare Weise eindringt. Mit der Apokalyptik erreicht eine theologische Entwicklung hin zur Transzendentalisierung und Universalisierung Gottes ihren Höhepunkt. Das weltgeschichtliche Geschehen ist in seiner undurchschaubaren Komplexität nicht mehr deutbar als unmittelbare Auseinandersetzung JHWHs mit seinen Feinden. Der Kampf zwischen Gott und den Feinden Gottes tobt vielmehr vermittelt durch übermenschliche Mächte. Man kann in der Einführung dieser anglischen und dämonischen Größen den Versuch sehen, den transzendenten Gott von der Einmischung in die Welt durch die Einführung von transzendenten Zweitursachen frei zu halten. Darüber hinaus ist aber von entscheidender Bedeutung die Selbständigkeit dieser Zweitursachen. Zumindest die gefallenen Engel vollstrecken nicht werkzeughaft den Willen Gottes, sondern rebellieren in der kosmischen Ordnung gegen den universalen Herrn. Die *Erfahrung der Unordnung*, die kosmische Dimensionen angenommen hat, veranlasst die Apokalyptiker, diese Unordnung nicht einfach zu deuten als Resultat der Freiheit des Menschen, die ja immer Freiheit des einzelnen Menschen ist. Dieser Freiheit des Einzelnen sind ja in einer Welt kosmischen Ausmaßes auf kaum zu überschauende Weise die Bedingungen ihres Entstehens und ihres Vollzuges vorgegeben. Der Einzelne erfährt sich auf machtvolle Weise beeinflusst und regiert durch Größen, die für ihn weder fassbar noch veränderbar sind. Diese Größen manipulieren das Denken und Empfinden des Einzelnen. Sie prägen die Wahrnehmung und sind so offensichtlich geistiger Art. Sie verbinden Menschen untereinander und erweisen sich so tatsächlich als „Fürsten", die Reiche bilden. Sie föderieren untereinander und bekämpfen einander. Die Dämonologie erscheint so als ein getreues Abbild spätantiker Globalisierungserfahrung. Die Deutungsfigur der Dämonen nimmt die Erfahrungen auf, dass dominante geistige Strömungen im Medium des Intersubjektiven wirken und dort eine oft kaum zu kontrollierende Eigendynamik entfalten. Der Gedanke des Dämonenkampfes wird der Tatsache gerecht, dass in einer nach damaligem Zuschnitt globalen Kultur die Durchsetzung der JHWH-Religion einerseits der Universalisierung ihrer tragenden Überzeugungen bedarf, andererseits aber der *offensiv-polemischen Unterscheidung der Geister*, einer intellektuellen, theoretischen und schließlich auch politischen Bemühung darum, das zu erkennen, zu benennen und zu bekämpfen, was dem „Gott des Himmels" entgegensteht.

Hintergrund dieser realistischen und skeptischen Veränderung der ursprünglich nach dem *Exil* etwa in der Theologie der Priesterschrift und des Jonabuches nur positiven Ausweitung des Herrschaftsbereiches JHWHs auf die ganze Welt, die als seine Schöpfung erkannt wurde, ist die in hellenistischer Zeit sich zuspitzende Erfahrung der Macht des JHWH-Feindlichen. Die asidäischen Kreise, die im Frühjudentum apokalyptische Texte hervorbringen, empfinden ihre eigene geschichtliche Situation als den Gipfel „einer nicht mehr steigerungsfähigen Perversion der geschichtlichen Konditionen und Maßstäbe"[51]. In einer Zeit, in der schon die bloße Treue zur Tora von pro-griechischen Kräften bekämpft wurde, vertreten sie die Erwartung eines kommenden JHWH-Gerichts, das alle Maßstäbe übersteigt, weil es einhergeht mit dem Ende der Welt überhaupt. Der prophetische „Tag des Zorns" wird in der Apokalyptik zum endgültigen Gericht JHWHs über die ganze Welt.

Das drastische Gerichtshandeln steht in einem Spannungsverhält-

---

[51] K. Müller, a. a. O., S. 107.

nis zu der ansonsten transzendentalisierten Gottesvorstellung. Auch beim Wirksamwerden des Weltunterganges wird diese Spannung wieder durch das *Wirken von Zweitursachen* gelöst. Der „Tag des Zornes" ist der „Tag der Bedrängnis", der „Tag des Verderbens", der „Tag von Gog und Magog".[52] An diesem Tag steigert sich die innerweltliche Gewalt- und Vernichtungskraft zu kosmischen Ausmaßen. Das Gericht vollzieht sich als die Vernichtung einer Welt, die sich von der Lebensordnung abgewandt hat. Das Gerichtshandeln wird so vorgestellt als ein *selbstwirksames Sichaufschaukeln der gottfeindlichen Mächte*, die mit dem Gericht der Strafe des Unterganges geweiht sind und die in ihrer Verblendung diese Strafe selbst vollziehen.

Neben dieser innerweltlich sehr konkreten Vorstellung von Strafe als der letzten Konsequenz effizienter Lebens- und Weltfeindlichkeit all derer, die sich gegen den Gott des Lebens stellen, kennt die Apokalyptik ein spezielles Gericht der Scheidung der Gerechten von den Verderbern der Erde. Den Verderbern bringt der Gerichtstag den Untergang. Über den bloßen Untergang hinaus kennt die Apokalyptik eine ewig fortdauernde Strafe. Diese Strafe ist leiblicher Natur und hat dementsprechend eigene Straforte nötig. Das Gehinnomtal, das die Propheten wegen der dort vollzogen Menschenopfer als die Stätte äußersten Grauens empfanden, wird mit Feuer und nagendem Wurm zum Ort ewiger Qualen. Die freudlose Schattenwelt der Scheol wird nun ebenfalls zum feuererfüllten Strafort.[53] Mit der Verlegung des individuellen Gerichtsgeschehens an einem jenseitigen Strafort geht seine Verewigung einher.

Am Tag des Zorns „sättigt" sich zwar der Zorn des rächenden Gottes. Wo aber solche Formulierungen vorkommen, erscheinen sie nur mehr als die metaphorische Aufnahme des älteren prophetischen Sprachgebrauches. Die Qualen der Sünder werden in der Apokalyptik benannt, aber nicht ausgemalt. Das Gottesbild der Asidäer ist zwar geprägt von der Vorstellung göttlicher Gerechtigkeit, durch die die eigenen Unrechtserfahrungen ausgeglichen werden. Dieser göttliche Ausgleich aber erfolgt so todsicher wie emotionslos. Der durch die Transzendentalisierung des Gottesbildes absolut

---

[52] P. Volz, Die Eschatologie der jüdischen Gemeinde im neutestamentlichen Zeitalter. Nach den Quellen der rabbinischen, apokalyptischen und apokryphen Literatur, Hildesheim 1966, S. 136f.

[53] F. Millikowski, Which Gehenna? Retribution and Eschatology in the Synoptic Gospels and in Early Jewish Texts, in: NTS 34 (1988), S. 238–249.

überlegene Gott hat keinen Anlass zu emotionaler Erregung, zu Zorn und Raserei, wenn er zum souveränen Vollzug seiner überlegenen Macht übergeht.

Weder bei den gewalttätigen Makkabäern noch unter den Gottes Gericht erwartenden Asidäern führt die Wahrnehmung der zunehmenden Gewalt in der Lebenswelt und die Erwartung der gegen diese Gewalt sich durchsetzenden Gerechtigkeit Gottes wirklich zu einem Wiederaufleben der alten prophetischen Vorstellung vom Zorn Gottes. Diese Vorstellung setzte die Erfahrung der Machtlosigkeit des verratenen JHWH, der von seinem Volk verlassen wurde, voraus. Als der Verdrängte musste JHWH um seine Präsenz kämpfen, seine Souveränität über Israel sichern. Apokalyptik und Makkabäertum setzen die Unverdrängbarkeit Gottes voraus. Als der universale Herr setzt Gott sich entweder im Handeln der Makkabäer durch, oder er wartet, bis die Mächte und Gewalten der Welt alles in den Strudel des Unterganges gezogen haben, um hernach sein scheidendes Gericht an den Völkern zu vollziehen.

9. Die Gerichtspredigt des Täufers und Jesus

Redenquelle Q und Markusevangelium beginnen gleichermaßen mit einer Schilderung der Bußpredigt Johannes des Täufers. Johannes fordert von seinen Zuhörern Umkehr und Bußtaufe. Die von ihm selbst vollzogene Bußtaufe stellt Johannes der eschatologischen Taufe „mit feurigem Hauch" (*en pneúmati pyrí*: Lk 3,16b) gegenüber. Sie ist das in Bälde zu erwartende universale Vernichtungshandeln Gottes, vor dem nur die sofortige Umkehr bewahren kann, denn zu den Geretteten zählen die aufgrund ihrer sittlichen Haltung Gerechten. Ausdrücklich spricht Johannes vom kommenden Zorn (Lk 3,7; parr.). Das Bild vom Worfschaufelmann, der die Spreu in das unauslöschliche Feuer (Lk 3,16f.; parr.) schaufelt, illustriert die Universalität und Energie des kommenden göttlichen Vernichtungshandelns. Jesus und Johannes erscheinen weder in der Redenquelle noch in den Evangelien als Antipoden. Die neutestamentlichen Autoren beschäftigen sich vielmehr mit der Frage der herausragenden Wertigkeit Jesu im *Kontinuum Johannes–Jesus*. Die christlichen Gemeinden teilen offensichtlich die endzeitliche Erwartung des Täufers. Die Gegenwart steht im Schatten einer bedrohlich herannahenden göttlichen Zukunft, in der Gott scheiden wird zwischen seinen Treuen und den Verlorenen.

Jesus selbst setzt diese apokalyptische Folie des sein Recht durchsetzenden Gottes in seiner eigenen Predigt voraus und greift auf sie zurück: Die heidnische Südkönigin wird über Israel richten (Mt 12,42; parr.), Chorazim, Betsaida und Kapharnaum verfallen dem Gericht (Mt 11,20–24; parr.), die Heiden werden mit Abraham, Isaak und Jakob zu Tische sitzen, diejenigen aber, denen dieser Tisch ursprünglich gedeckt war, werden davon verbannt sein (Lk 13,28–30), die Geladenen versäumen das Hochzeitsmahl, zu dem sie eingeladen sind (Lk 14,16–24), ganz Galiläa wird es ergehen wie den von Pilatus niedergemetzelten Aufständischen (Lk 13,1–5). Gott wartet wie der Schnitter auf die Ernte, dann aber „legt er die Sichel an, denn die Zeit der Ernte ist da" (Mk 4,29; parr. Joel 4,13). Der Zwölferkreis schließlich erscheint als endzeitliches Richtergremium (Mt 12,28; parr.).

Marius Reiser klassifiziert das Gleichnis vom unbarmherzigen Knecht (Mt 18,23–35), die Mahnung zum Friedensschluss mit dem Widersacher (Mt 5,25f.) und die Parabel vom klugen Verwalter (Lk 16,1–8) als authentische Jesustexte, die die Vorstellung eines individuellen göttlichen Gerichts enthalten.[54]

Bereits Joachim Jeremias hat der verbreiteten Überzeugung widersprochen, bei der Markusapokalypse (Mk 13,1–37) handle es sich ausschließlich um eine von der Urkirche Jesus in den Mund gelegte jüdische Apokalypse.[55] Zu viele Motive weichen vom typischen Apokalypse-Schema ab, als dass man sich nicht berechtigt sehen dürfte, in Mk 13 auch Spuren originär jesuanischer Verkündigung zu suchen. Nach Mk 13 naht das Ende der Welt zunächst als kosmische Katastrophe (Mk 13,24), der niemand von sich aus entkommen kann. Die Katastrophe trifft vor allem „dies Geschlecht" der Prophetenmörder, das „das von Gott gesetzte Maß der Schuld überlaufen lässt".[56] Mit dem Topos der Rache Gottes an den Mördern der Propheten greift Jesus auf deuteronomistisch geprägtes Traditionsmaterial zurück.[57] Jesus stellt sich selbst in die Traditionsreihe der zurückgewiesenen Propheten. Das Reich Gottes,

---

[54] M. Reiser, a. a. O., S. 241.

[55] J. Jeremias, Neutestamentliche Theologie, 1. Teil: Die Verkündigung Jesu, Gütersloh 1979, S. 124–128.

[56] Ebd., S. 128.

[57] O. H. Steck, Israel und das gewaltsame Geschick der Propheten. Untersuchungen zum deuteronomistischen Geschichtsbild im Alten Testament, Spätjudentum und Urchristentum, Neukirchen-Vluyn 1967.

das die Mitte der Verkündigung Jesu bildete, kommt, begleitet vom Leiden unter dem „Gräuel der Verwüstung" aus Dan 11,31 und 12,11 (Mk 13,14). Der Tempel wird vernichtet (Mk 13,2), eine apokalyptische Zeit der Anfechtung bricht herein, in der sich der zu Jesus Gehörige vor Abfall und Irrewerden hüten muss, wie dies etwa in der Vaterunser-Bitte „und führe uns nicht in Versuchung" zum Ausdruck kommt.

Der authentischen Jesus-Verkündigung näher als die Markusapokalypse steht die Q-Apokalypse in Lk 17,23–37; parr. In ihr ist noch keine Spur der Parusieverzögerung zu erkennen. Die apokalyptischen Ereignisse werden nicht ausgemalt. Die Anspielungen auf Noach (17,27) und Lot (17,29) haben zwar die überraschende Ankunft des Menschensohns zum Thema, deuten jedoch zugleich diese Ankunft als katastrophisches Vernichtungsgeschehen.

Die kosmische Katastrophe bildet im apokalyptischen Denken der ältesten christlichen Tradition und wahrscheinlich auch im Denken Jesu den Hintergrund für die *eschatologische Scheidung*: Von Zweien, die auf dem Acker sind (Mt 24,40), die nebeneinander im Bett liegen (Lk 17,34), die gemeinsam Getreide mahlen (Mt 24,41), wird jeweils einer der beiden eng Verbundenen hinweggenommen und einer zurückgelassen.

Auch der Begriff der Gehenna dürfte in der Verkündigung Jesu vorgekommen sein. Die Q-Stelle Mt 10,28/Lk 12,4f. und die Mk-Stelle Mk 9,47f. können berechtigten Anspruch auf Echtheit erheben.[58] Allerdings ist die Formel in Mk 9,47f. ein geprägter Text der jüdischen Tradition (Sir 7,14; Jdt 16,21), der in seinen neutestamentlichen Kontext mit der Leichtigkeit einer sprichwörtlichen Wendung Einzug genommen haben dürfte. Die Gehenna-Rede erscheint so mehr als Element eines von Jesus nicht in Frage gestellten, problemlos rezipierten frühjüdischen Kontextes, in dem er seine eigene Verkündigung platzierte.

Im Wesentlichen findet sich eine Übereinstimmung der apokalyptischen Vorstellungen bei Jesus und Johannes. Beide erwarten ein kollektives Gerichts- und Vernichtungsgeschehen, das über alle hereinbrechen wird. Bei Jesus nimmt dieses Geschehen die Dimensionen des Weltunterganges an.

Neben dieser universalapokalyptischen Perspektive kennen beide die individualeschatologische Verheißung einer möglichen Rettung, deren Grundlage ein göttliches Scheidehandeln ist. Bei Johannes

[58] M. Reiser, a. a. O., S. 294.

wird die Möglichkeit der Rettung geknüpft an die Bereitschaft zur
Umkehrtaufe und zum Erbringen von „Früchten" (Lk 3,9) der Umkehr. Auch Jesus kennt die Umkehrbotschaft (Mk 1,15). Sie ist aber
eng verknüpft mit dem Zeugnis für das Reich Gottes, das von Gott
her mit integrierender und versöhnender Kraft auf die Menschen
zukommt. Die Botschaft von diesem verwandelnden, erneuernden
und belebenden Reich ist so *euaggélion*, Evangelium, gute Nach-
richt. Angesichts der düsteren apokalyptischen Folie drohenden kollektiven Unterganges *dieses verdrehten Geschlechts* („*geneà die-
stramméne*": Mt 17,17; parr.) überwiegt in der Verkündigung Jesu
nicht der Aspekt der Unheilsankündigung, sondern vielmehr der
optimistische Aspekt der Heilsansage. Das von Jesus angesagte Heil
aber ist nicht zu verstehen im Sinne des alten Gegensatzes von
Heils- und Unheilsprophetie, wie er Jeremia beschäftigt hat. Das
von Jesus angekündigte Unheil ist kein Gegensatz zu dem bezeugten Heil, sondern das Unheil ist Moment am von Gott her kommenden Heil. W. Zarger meint, das von Jesus bezeugte Gottesgericht sei
in Jesu Verständnis die Voraussetzung des endgültigen Ankommens
der Basileia Gottes.[59] Reiser versucht diesen Zusammenhang plausibel zu machen: Wie kann die gute Schöpfung Gottes wiederhergestellt werden, ohne dass zugleich das Böse in der Welt vernichtet
würde?[60] Diese Deutung eines zeitlich-logischen Vorangehens des
Endgerichts vor der Wiederherstellung der Basileia steht jedoch in
einer sachlich-logischen Spannung zum präsentisch-eschatologi-
schen Bewusstsein Jesu, wie es klassisch in dem Logion zu finden ist:
„Wenn ich die Dämonen durch den Finger Gottes austreibe, so ist
das Reich Gottes zu euch gekommen" (Lk 11,20). Das Proprium
der Eschatologie Jesu ist gerade, dass Jesus sein eigenes Heilen, Predigen und Sterben als eschatologisches Ankommen der Gottesherrschaft versteht. Diese *präsentische Eschatologie* charakterisiert Jesu
Handeln und Verkünden so sehr, dass in der neutestamentlichen
Exegese eine Deutung Jesu Raum greifen konnte, die Jesus als
nicht-eschatologischen Propheten verstehen wollte, dessen Predigt
nach Jesu Auferstehung unter Hinziehung der Parusievorstellung
reapokalyptisiert wurde.[61] Die scheinbare sachlich-logische Span-

---

[59] W. Zarger, Gottesherrschaft und Endgericht in der Verkündigung Jesu.
Eine Untersuchung zur markinischen Jesusüberlieferung einschließlich der
Q-Parallelen, Berlin–New York 1996, S. 313.

[60] M. Reiser, a. a. O., S. 314.

[61] M. J. Borg, A Temperate Case for an Non-Eschatological Jesus, in: ders.,
Jesus in Contemporary Scholarship, Valley Forge 1994.

nung zwischen Jesu Bewusstsein der anbrechenden Basileia einerseits und Jesu Festhalten an der Vorstellung eines endzeitlichen Gerichtshandelns lässt sich auflösen, wenn die Vorstellung von der zeitlichen Ausschließlichkeit von Gericht und Heil überwunden wird, wenn das Gericht begriffen wird als ein *begleitendes Moment des anbrechenden Heils.* Das Heil, das Jesus verkündet, lässt sich in der Tat nicht versöhnen mit der Sublimierung immer aufwendigerer Konsumbedürfnisse, die finanzierbar werden durch eine Wirtschaftsordnung, die auf der anderen Seite das Elend der verarmten und immer mehr verarmenden Landbevölkerung verursacht. So ist das „Selig ihr Armen" zwangsläufig begleitet von dem prophetischen „Wehe!", das wie bei den großen Schriftpropheten so auch bei Jesus den Reichen gilt (Lk 6,20.24).

In der Praxis Jesu bricht mit *exousía*, mit *Vollmacht*, Gottes Herrschaft an, die in sich schon ein Scheidungsprozess ist, in dem diejenigen Grund zur Freude haben, denen dieser Prozess Heil bedeutet, in dem aber die „traurig davon"-gehen (Mk 10,22), die mit den Mächten eng verbunden sind, die dem Reich Gottes entgegenstehen. Für sie wird die Vollmacht Jesu und die Macht (*dýnamis*) Gottes, mit denen das neue Reich sich durchsetzt, zur Katastrophe des Wegbrechens ihrer sicher geglaubten Lebensfundamente.

Hier liegt auch der Konvergenzpunkt einer weiteren, in Praxis und Verkündigung Jesu immer wieder beobachteten Spannung. Jesus denkt und argumentiert an vielen Stellen *weisheitlich*, an anderen *apokalyptisch*. Eine Exegese, die Jesu Handeln begreift als den *gegenwärtigen Anbruch eines apokalyptischen Prozesses* der sich in der Kraft Gottes durchsetzenden Herrschaft Gottes, kann die Spannung auflösen: In dem beginnenden Prozess der Herrschaft Gottes ist es weise und klug, sich den Regeln des sich durchsetzenden Gottes anzupassen. Die apokalyptisch erhoffte Ordnung der Überwindung allen erfahrenen Unrechts und aller erlittenen Perversion wird in der jesuanischen Verkündigung aus der Ferne der Erwartung in die Nähe der Erfahrung des handelnden Gottes gezogen. Die Grundlage dieser Deutung ist die Voraussetzung einer besonderen Unmittelbarkeit Jesu zu dem handelnden Gott, der ihm mit seiner Ordnung und seiner Macht transparent und verstehbar ist.

Der doppelten Dimension des einen Reiches Gottes, das mit Jesu Kommen anbricht, entspricht eine doppelte Reich-Gottes-Metaphorik: Das eschatologische Geschehen wird verglichen mit der Sintflut (Mt 24,37–39; parr.), mit dem Einsturz des Turms von Schiloa

(Lk 13,1–5), mit dem Massaker, das Pilatus unter Jerusalemer Tempelpilgern anrichten lässt (ebd.). Es ist ein Wolkenbruch, der das schlecht fundierte Haus wegspült (Mt 7,25). Andererseits ist das Reich Gottes integratives Mahl (Mk 2,13–17).

Die Vermittlung von Heils- und Unheilsbotschaft erfolgt in den Metaphern der militärischen Vergeltungsaktion (Mt 22,7–10), der Gerichtsverhandlung (Mk 18,23–35), der Abrechnung (Lk 16,1–13) sowie der Ernte. Immer geht es darum, dass Gott den Menschen vor dem endgültigen Hereinbrechen eine Frist der Umkehr gewährt. Das endgültige Hereinbrechen des Unheils vollzieht sich dann als strenge Scheidung der Verworfenen von den Erretteten (Mt 24,40f.; parr.).

Die Abrechnung im Reich Gottes folgt nicht menschlichen Gerechtigkeitserwartungen. Gott ist an der Durchsetzung seiner Herrschaft interessiert, nicht an einer rächenden Aufrechnung aller Verfehlungen. Die positive Zielperspektive dominiert das Gerichtsdenken. Dieser Aspekt der Gerichtsbotschaft übersetzt sich in die ausgesprochen integrative Praxis Jesu den Sündern gegenüber. Das Reich Gottes wird bevölkert von begnadigten Sündern. Keine Sünde schließt deshalb radikaler vom Reich Gottes aus als die verweigerte Gnade anderen gegenüber (Mt 18,23ff.).

Die Güte des Vaters umschreibt in der Verkündigung Jesu das Wesen Gottes. Dieser gütige Vatergott wird der sein, der mit der Macht des Königs kommt. Deshalb ist Zuversicht die angemessene Haltung dem Gericht Gottes gegenüber. Insbesondere alle emotionalen Attribute des Gotteszornes treten in der Verkündigung Jesu zurück. Der Gott Jesu wird mit dem Einbruch der Basileia Gerechtigkeit schaffen ohne Zorn und ohne Rache. Die apokalyptischen Ereignisse werden nicht explizit mit Gott in Verbindung gebracht. Die Metaphorik der Naturgewalten und der politischen Wirrnisse betonen vielmehr den von der klassischen Prophetie wohl bekannten Aspekt der Eigendynamik des Gerichtes. Die Katastrophen des Gerichtes ereignen sich mit einer eigendynamischen Zwangsläufigkeit. Das Handeln Gottes zielt auf das Gut der gerechten menschlichen Ordnung, die Gott die Ehre des Königtums einräumt. Wo Gott in seiner *dýnamis* dieses Ziel verfolgt in der *exousía* seines Gesandten, da bricht eine Eigendynamik des Unterganges und der Gewalt auf, die als der ungewollte, aber auch unvermeidliche Begleiter der neuen Ordnung erscheint. Die Exponenten einer Welt, die gegen Gott steht, die Potentaten des verdrehten Geschlechtes werden das Feld nicht kampflos räumen.

So steht in der Basileia-Botschaft Jesu der Gott Jesu Christi gegen eine Welt, die zugrunde gehen wird. Der Akzent gleitet aber anders als bei Johannes deutlich auf dem Positiven, das mit dem Handeln Gottes in erreichbare Nähe rückt. Die Phänomene des Unterganges, des Leidens und des Gerichts sind die unvermeidlichen Begleiter eines im Kern heilvollen und für die Menschen beglückenden Prozesses. Der Macht, mit der Jesus diesen Prozess vorstellt, entspricht der Verzicht auf detailliertes Aufrechnen. Gottes Fähigkeit, das Unheil zum Guten hin zu verwandeln, ist so viel zuzutrauen, dass ein abrechnendes Gerichtswesen eben nicht die notwendige Voraussetzung einer neuen gerechten Ordnung Gottes ist.

Es geht bei Jesus um den alten Konflikt Israels, um den Konflikt zwischen Selbstbehauptung und Sünde einerseits und dem Willen Gottes zu einem Leben in Freiheit und Gerechtigkeit andererseits. Die genuine Intuition Jesu besteht in einem neuen Optimismus, dass die Gerechtigkeit als Lebensordnung geboren wird aus einem Handeln Gottes, das seiner ureigenen Macht und seinem ureigenen Wesen entspringt:

„Der Gott Jesu ist der Gott Israels: ein loderndes Feuer ethischer Energie, das den Menschen verwandeln will, um in ihm die Liebe zum Nächsten anzuzünden; das aber dem, der sich selbst vom Heil ausschließt, zum vernichtenden Feuer der Hölle wird."[62]

10. Jesu Praxis deutet seine Reich-Gottes-Verkündigung

Es entspricht einer Verkündigung präsentisch sich durchsetzender Macht und Vollmacht, dass sie praktisch wird im Handeln ihres Boten. Dieses Handeln ist zunächst in einer für einen apokalyptischen Propheten überraschenden Weise Heilungshandeln. Die Heilungswunder werden von Jesus als Ausdruck und Zeichen der beginnenden Gottesherrschaft gedeutet. Gottes Herrschaft bricht mit Macht in die heillose Gegenwart. Der Satan fiel vom Himmel (Lk 10,18), mit der Selbstverständlichkeit der selbstwachsenden Saat (Mk 4,26–29) setzt sich Gottes Reich in der Welt fort. Die Metaphorik ist nicht alleine aussagekräftig hinsichtlich der Gewissheit und Unaufhaltsamkeit des nahenden Reiches, sondern auch hinsichtlich seines genaueren Charakters. Gottes Macht ist Macht des

[62] G. Theißen/A. Merz, Der historische Jesus. Ein Lehrbuch, Göttingen 1996, S. 249.

sanft und unaufhaltsam Sichdurchsetzens. Die Heilungswunder schreiben diese Reich-Gottes-Metaphorik fort: Gottes sich sanft durchsetzende Macht ist Macht der Heilung, der Überwindung von Einschränkungen und Behinderungen des Lebens. So ist sie wesentlich *Macht des Lebens* gegen die Mächte des Todes. Als solche tritt sie ganz unverhüllt in den Totenerweckungen hervor. Aber auch in anderen Heilungswundern bildet der Tod die dunkle Folie, vor der das Handeln Jesu erst richtig verstehbar ist als das Handeln gegen den Tod, das im Heilungswunder konkret wird.

Der Tod ist der Negativkontrast der Wirksamkeit Gottes in der Heilsgeschichte Israels. Mit der priesterschriftlichen Reinheitskategorie werden die Sphäre des Religiösen und der alltäglichen Lebensfürsorge eng verbunden. Aber bereits die deuteronomistische Theologie sah Leben als die Frucht der Gesetzestreue, den Tod als die Folge des Bundesbruches (Dtn 28). In der pharisäischen Theologie werden beide Aspekte verknüpft: Dem Menschen obliegt es, durch Reinheit und Gesetzestreue das Leben zu fördern. Lebensförderung durch Reinheitsobservanz ist zwangsläufig immer auch exklusiv. Schon die Metaphorik des Reinheitsbegriffes hebt auf ein defensives Konzept der Lebensverteidigung ab. Reinheit kann nur bewahrt werden.

Gegen dieses defensive und exklusive Konzept der Lebensförderung vertritt Jesus ein apokalyptisch-theozentrisches *Konzept der offensiven und inklusiven Lebensermöglichung durch Gott.* In Jesu Heilungshandeln kommt in symbolischer Weise Gottes Wirksamkeit zur Erscheinung als das Wirken einer Lebensmacht, auf die sich der Mensch im Vertrauen auf Gott so gewiss verlassen darf, dass alle Reinheitsobservanz, alle Abgrenzung und Ängstlichkeit hinfällig werden. Gottes Macht ist als Lebensermöglichung so überwältigend gegenwärtig, dass sie keiner Schutzmaßnahme bedarf.

Nicht nur die Wirkweise göttlicher Lebensmacht wird durch Jesus neu definiert, sondern auch ihre Adressaten und ihre Folgen. Gottes unbeugsame Lebensmacht ist bei Jesus nicht die Grundlage einer Theologie des verschwenderischen Lebenseinsatzes, wie er die Grundlage der kriegerischen Euphorie bildet. Jesu Wort von der Basileia ist nicht zunächst Aufforderung zur Lebenshingabe für das Reich Gottes, sondern vielmehr Wort der Heilung, das heißt des von Gott geschenkten und kraftvoll erneuerten Lebens. Es richtet sich nicht an Gesunde, die zum Opfer aufgefordert würden, sondern an Kranke, die zum unbehinderten und ungehemmten Leben durchdringen. Der Mut und der Einsatz, den dieses Leben aus der Le-

bensbotschaft Jesu heraus verlangen, ist die Überwindung der
Todesangst nicht zum Zwecke des Sterbens, sondern zum Zweck
eines uneingeschränkten, Behinderungen bewältigenden und vor
allem eines nicht-exklusiven, sondern alle Menschen einschließen-
den Lebens.

Jesu Heilertätigkeit steht also durchaus im Horizont des alten Gegensatzes Gottes zu seiner Welt, in der Gott die Verheißung des Lebens gegen die Herrschaft des Todes stellt. Allerdings begründet
Jesu eigenes und besonderes Verhältnis zum Gott des Lebens eine
neue Gestalt dieser alten Opposition von Leben und Tod. Jesus
sieht das Leben auf eine unbezwingbare Weise auf dem Vormarsch
und erblickt gerade darin das Anbrechen der Herrschaft Gottes
(Mt 11,4/Lk 5,22).

Mit Jesu Konzept eines radikal inklusiven und offensiven Wirkens
der Reinheit Gottes verbindet sich seine Absage an einen indivi-
duellen Tun-Ergehen-Zusammenhang. Johannes gestaltet ihn am
Beispiel der Jüngerfrage nach der Ursache der Blindheit eines
Blindgeborenen (Joh 9,1–41). Jesus weist dabei das theologische Be-
zugssystem zurück, das auf die Frage hinausläuft, ob jemand für die
Sünden seiner Eltern bestraft werden könne. Stattdessen erklärt er:
„Weder er noch seine Eltern haben gesündigt, sondern das Wirken
Gottes soll an ihm offenbar werden" (Joh 9,3). Die theologische
Perspektive angesichts von Krankheit zielt nicht auf deren Er-
klärung, sondern auf ihre Überwindung. In diesem theologischen
Kontext ist von Gott die Rede. Die Frage nach Gott wird so von
Jesus als theoretische zurückgewiesen und als praktische beant-
wortet.

Damit entspricht Jesus der großen prophetischen Tradition der
Zorn-Gottes-Predigt. In ihr ging es niemals darum, ex post Erklärungen von Ereignissen zu geben, schon gar nicht ging es darum,
das eigene Lebensgeschick als Folge göttlicher Gemütsregungen zu
interpretieren. Der Zorn war vielmehr ein Aspekt des gegenwärtigen Aktivseins JHWHs für sein Volk und für die Gerechtigkeit
JHWHs, in der alleine das Volk Leben finden kann.

Jesu Vorliebe für die Bettelarmen seiner Zeit rückt ihn in die
Nähe der großen Schriftprophetie. Außer zu den Armen wendet sich
Jesus den öffentlichen Sündern zu. Jesus erweist sich in seinem Verhalten diesen Deklassierten gegenüber als aktiver Apokalyptiker.
Die auf Exklusivität aufgebaute gesellschaftliche Ordnung darf in
seinen Augen keinen Anspruch auf göttliche Sanktioniertheit erheben. Sie wird vielmehr abgelöst durch eine wirklich von Gott her

kommende integrierende Ordnung, die auch das Kranke, das Abnorme und Sündhafte in sich aufzunehmen vermag. Den Exponenten der wirtschaftlichen (Lk 6,24–26) und der religiösen Macht (Mk 11,17), nicht den Vertretern der politischen Macht gilt das prophetische „Wehe!" Jesu. Darin erweist er sich als konkreter Apokalyptiker, dessen Zukunftsvision in der eigenen Gegenwart einen sehr konkreten und machtvollen Anfang nimmt. Wer so konkret Gott erfährt als denjenigen, der aus seiner eigenen Kausalität heraus die Gegenwart verwandelt, der braucht bei der Beschreibung der Möglichkeitsbedingungen künftigen Wandels nicht zunächst auf den römischen Kaiser und seine Exponenten zu blicken, wohl aber auf die kleinen religiösen und ökonomischen Betrüger, die dem Armen sehr konkret sein Leben schwer machen.

Der Zorn Gottes trifft bei Jesus nicht die Sünder. Ja, Jesus erweist sich sogar eher als ein Freund der Sünder. Er wendet sich ausdrücklich den Angehörigen verachteter Berufe zu, ja, die Zusage vorbedingungsloser Vergebung der Sünden ist seine Antwort auf den pharisäischen Versuch, die rettende Reinheit vor Gott als Möglichkeitsbedingung einer heilvollen Rettung für Israel durch Gesetzesobservanz zu sichern. Jesus stellt gegen diesen Versuch seine Botschaft von der nahe kommenden göttlichen Wandlungsmacht, die von sich aus die Schuld der Sünder als Hindernis zu überwinden vermag.

Jesus ist die Erbarmer der Sünder, allerdings nicht im Sinne einer alle Sittlichkeit relativierenden Permissivität. Jesu Erbarmen hat nicht eine göttliche Sündenverrechnungsinstanz zum Verstehenshintergrund, sondern das Bewusstsein der eigenen eschatologischen Rolle, Israel Gottes endgültig heilschaffende Hinwendung zu seinem Volk zu verkünden. Jesu Sündenvergebungspraxis ist so radikal positiv orientiert, hin auf den nahenden und alle verwandelnden Gott. Sie reißt Menschen aus der zerstörerischen, verzweifelten Faszination durch die eigene Unfähigkeit zum Guten, aus der heraus sie wirklich zum Guten unfähig werden. Auf diese Weise heilt Jesus den Sünder, wie er den Gelähmten und Blinden heilt. Er hebt die Behinderung auf, die den Menschen abhält, aus der erfahrbaren Wirklichkeit der Lebensfülle Gottes als dem eigentlichen Inhalt der Botschaft Jesu zu leben.

Die eigene Bestimmtheit durch die verwandelnde Positivität des göttlichen Wirkens, seine lebensschaffende Macht, lässt keinen Raum, um Gottes Zorn zu thematisieren als Gottes kleinliches Abrechnen mit denen, die ihm etwas schuldig blieben. Allerdings kennt sowohl Jesus als auch die frühchristliche Verkündigung das schreckliche Scheitern derer, die Gott sich selbst schuldig blieben, die sich von seiner verwandelnden Lebensmacht ausschließen wollten, die sich von seinem erbarmenden Rettungsruf nicht wecken ließen. Sie befinden sich wirklich in der äußersten Finsternis als die von dem Licht der nahenden Wirklichkeit Gottes Ausgeschlossenen. Jesus denkt diese negative Dimension seiner Heilsbotschaft nicht als ein Wüten Gottes, sondern als ein Ereignis von unvermeidlicher Zwanghaftigkeit, das das Heilshandeln wie ein Schatten begleitet. In diesem Punkt erscheint Jesu apokalyptische Botschaft sogar weisheitlich. Die Veränderung aller Verhältnisse kommt so gewiss, dass es somit weise ist, sich an ihr zu orientieren, wie es dem alttestamentlichen Weisheitslehrer als weise galt, sich an der empirischen Realität zu orientieren.

11. Jesu Botschaft und sein Tod

Jesus geht von einem eschatologischen Konflikt Gottes mit der Welt aus. In diesem Konflikt verkündet er selbst in Wort und Tat die Botschaft von der sich durchsetzenden, Leben ermöglichenden Macht Gottes als Ereignis des gegenwärtig sich realisierenden eschatologischen Gottesreiches. Die apokalyptische Grundüberzeugung von dem Nahen des machtvoll richtenden Gottes wird bei Jesus transformiert zur Botschaft vom machtvoll *auf*-richtenden Gott. Diese Botschaft Jesu läuft auf ihre Widerlegung zu mit der Zwangsläufigkeit, mit der in einer durch den Tod regierten Welt alle optimistischen, verheißungsvollen Aufbrüche und Entwicklungen den Keim ihres Absterbens in sich tragen. Wo eine Überwindung dieser fatalen Todverfallenheit gesucht wird, bietet sich die apokalyptische Utopie der Vernichtung aller lebenszerstörenden Mächte durch den göttlichen Herrn und Richter der Welt an. Sowohl W. Zager als auch M. Reiser deuten das Verhältnis von Endgericht und Weltvollendung genau so: Die Vernichtung alles Bösen ist die Möglichkeitsbedingung der Wiederherstellung der guten Schöpfung.[63] Auch wenn Jesus von einem apokalyptischen Gericht Gottes über die Welt ausgeht, auch wenn er mit katastrophalen Folgeerscheinungen des Konfliktes zwischen Gott und der Welt für die Menschen rechnet, so ist doch seine Botschaft in ihrem originären Kern ganz

---

[63] M. Reiser, a. a. O., S. 313.

anders geprägt von der Überzeugung, dass Gottes Macht und der Anbruch seiner Herrschaft sich im Retten und Heilen, im Sammeln und Befreien erweisen und nicht im Vernichten und Bestrafen. Mit diesem sanften Programm des Vertrauens in Gottes Kraft zu wandeln und Leben zu schaffen läuft das Leben Jesu zwangsläufig auf seine Widerlegung durch die Herrschaft des Todes zu.

Alle Macht und Herrschaft dieser Welt ist in letzter Konsequenz immer Herrschaft des Todes, weil sie motiviert ist aus der Angst vor dem Tod und weil sie sich der Drohung mit dem Tod als Instrument bedient. Wo die Angst vor dem Tod dominiert, greift der Mensch zum effizienteren Mittel des Todes. Bedroht durch den anderen, sucht er nach der effizienteren Waffe, den anderen abzuwehren. Das eschatologische Gericht kann in dieser Logik als die äußerste Waffe des Gerechten gedeutet werden: In ihm kämpft der Schöpfer und Herr der Welt gegen die überlegenen Feinde. Seine grandiose Überlegenheit ist so faszinierend, dass der Apokalyptiker von der Ausübung eigener Gewalt absehen kann. Er befriedigt sein Bedürfnis nach Gegenwehr gegen die Mächte, die sein Leben beschneiden, verunmöglichen und schließlich mit dem Tode bedrohen, mit der religiösen Imagination unvorstellbar größerer eigener Übermacht, die sich gegen den Feind entfalten wird. Vor dem Hintergrund dieser Gewissheit kann der Apokalyptiker sogar den eigenen Tod in Kauf nehmen, weiß er doch: Gott wird kommen zu einem endgültigen Strafgericht, das die Todesmacht der Mörder mit noch größerer Todesmacht besiegen wird. Die Gestalt, in der der Apokalyptiker den Tod erträgt, ist diejenige des Martyriums. Im Martyrium beweist er die Stärke des eigenen Vertrauens in die kommende Richter- und Vergeltungsmacht Gottes, mit dem er seinem Mörder entgegnen kann: „Du wirst beim Gericht Gottes die gerechte Strafe für deinen Übermut zahlen" (2 Makk 7,36). Der Verzicht auf eigene Gewalt ist nur vorübergehend und motiviert durch die in der späten weisheitlichen Tradition grundgelegte Überzeugung von einer individuellen Strafgerechtigkeit Gottes nach dem Tod.

Jesus aber deutet nach allen vier Evangelien den eigenen Tod nicht seinen Richtern und Henkern gegenüber. Alle Evangelien kennen das Motiv des Verstummens Jesu vor dem Richter: „Jesus gab keine Antwort mehr, sodass Pilatus sich wunderte" (Mk 15,5; vgl. Mt 27,14; Lk 23,9; Joh 19,9). Er verzichtet ausdrücklich darauf, sein Sterben mit einer Drohung gegen seine Mörder zu verknüpfen. Die Deutung des eigenen Todes durch Jesus geht der Verhandlung vor den Gerichten voraus und ist adressiert an den engeren Jüngerkreis. Da sie inhaltlich aber Ankündigung eines Sterbens „für alle/viele" ist (Mk 14,24), ist die Exklusivität des Kreises, demgegenüber Jesus seinen Tod deutet, keine grundsätzliche Exklusivität, sondern vielmehr eine funktionale: Die Deutung des Todes, die Jesus in der Abendmahlparadosis gibt, ist nicht für Henker und Jünger gleichermaßen verständlich. Sie ist nicht öffentlich proklamierbar wie die Racheverheißung des apokalyptischen Märtyrers. Sie setzt vielmehr das Vertrautsein mit der ureigenen Art der Gottesbeziehung und der Gottesbotschaft Jesu voraus, um verstanden werden zu können. Aus der Abendmahlsüberlieferung lässt sich zumindest entnehmen, dass Jesus seinen Tod als Tod *für* andere verstanden hat. Das entspricht auch den nachösterlichen Formeln, mit denen das Neue Testament in Kurzform den Tod Jesu deutet als Sterben „für uns" (oder: „ihn", „alle"; Röm 5,6.8; 14,15; 1 Kor 8,11; 2 Kor 5,15; 1 Thess 5,10) oder als Hingabe (*parádosis*) *„für uns"* (oder: „ihn", „mich"; Röm 8,32; Gal 2,20; Eph 5,2.25; Tit 2,14). Die Hingabeformel unterstreicht dabei die heilsgeschichtliche Zwangsläufigkeit. Wie aber kann vor dem Hintergrund der Verkündigung Jesu und seines Wirkens ein Hinrichtungstod als Sterben *für andere* verstehbar werden?

Ein aus der Makkabäerzeit bekanntes Schema deutet den Tod des Märtyrers als Sühnehandlung für das ganze Volk. Durch seine Sünden ist der Zorn Gottes auf das Volk gekommen in Gestalt jener fremden Okkupatoren, die den reinen JHWH-Kult unterbinden. Der Märtyrer vollzieht den heroischen exemplarischen Gehorsam gegen Gott und verbindet ihn mit der Vergebungsbitte für das Volk:

„Denn wir leiden nur, weil wir gesündigt haben. Wenn auch der lebendige Herr eine kurze Zeit lang zornig auf uns ist, um uns durch Strafen zu erziehen, so wird er sich doch mit seinen Dienern wieder versöhnen. [...] Ich gebe wie meine Brüder Leib und Leben hin für die Gesetze unserer Väter und rufe zu Gott, er möge seinem Volk bald wieder gnädig sein, [...] Bei mir und meinen Brüdern möge der Zorn des Allherrschers aufhören, der sich mit Recht über unser ganzes Volk ergossen hat." (2 Makk 7,32f.37f.)

Das Lebensopfer des Märtyrers ist kein stellvertretender Tausch, durch den Gott beschwichtigt würde. Gottes Zorneshandeln ist im 2. Makkabäerbuch kein blindwütiges Geschehen, sondern Erziehungsmaßnahme. Der Märtyrer führt in aller Demut vor, dass bei ihm die göttliche Erziehung Erfolg hat. Für sich selbst erwartet er:

„Der König der Welt wird uns zu einem neuen, ewigen Leben auferwecken, weil wir für seine Gesetze gestorben sind." (2 Makk 7,9)

Als exemplarischer Gerechter darf er hoffen, dass sein Fürbitt-
gebet für das Volk erhört werden wird.

Jesu Tod ist aber gerade nicht heroisches öffentliches Glaubenszeugnis für den Gott Israels. Jesus verstummt vor seinen Richtern,
verzichtet im Angesicht des Todes auf das, was eigentlich seine Le-
bensaufgabe war: Verkündigung seiner Botschaft vom Reich Gottes.
Die Verkündigung der Gottesbotschaft Jesu findet mit der Abendmahlsparadosis nicht im Forum statt, in dem der Märtyrer sein wirk-
sames Zeugnis ablegt, sondern im familiären Kreis der Abend-
mahlsgruppe.

In der Abendmahlsparadosis wird das Austeilen der Speisen zu
einer in der Weise der Symbolhandlung vollzogenen *Metapher der
Hingabe des Lebens für das Leben der anderen*. Der Versuch, den
Zusammenhang zwischen dem Leben aller und dem Sterben des
einen über die makkabäische Märtyrertheologie herzustellen, scheitert an der Differenz zwischen den jeweiligen Handlungs- und Kom-
munikationsbedingungen. Erfolgversprechender scheint es zu sein,
den Begriff des Opfers heranzuziehen, um das Sterben Jesu für die
anderen plausibel zu machen. Jedenfalls gibt es hierfür eine neutestamentliche Tradition. In Röm 3,25f. spricht Paulus davon, Gott
habe Jesus als *hilastérion* eingesetzt. Der Begriff „*hilastérion*" entspricht dem hebräischen „*kapporæt*". Ursprünglich bezeichnet der
Begriff den goldenen Deckel der Bundeslade. Die konkrete Bedeutung wird allerdings spätestens mit dem Verschwinden der Bundeslade aus dem Tempel vollkommen abgelöst durch die religiös-sym-
bolische Bedeutung. Die *kapporæt* ist nunmehr der Ort der Deszendenz des beim Sühnopfer das Volk entsühnenden JHWH.[64] Dass
Paulus den Gekreuzigten als den Ort der Deszendenz des entsühnenden Gottes bezeichnet, ist zunächst eine opferkritische Aussage, die vor dem Hintergrund christlicher Tempelkritik zu verstehen ist.[65] Nicht mehr im Tempel findet die Entsühnung des
Volkes statt, sondern im Tod des Gekreuzigten. Wird aber durch
diese opferkritische Aussage die Praxis des Opferns nicht in einer
Weise wiederhergestellt, die hinter die Menschenopferkritik der
großen Schriftpropheten zurückfällt, indem nun doch wieder ein
Menschenopfer dargebracht wird, ein Menschenopfer für den Gott

---

[64] B. Janowski, Sühne als Heilsgeschehen, a. a. O., S. 353.

[65] H. Merklein, Der Sühnegedanke in der Jesustradition und bei Paulus,
in: A. Gerhards/K. Richter, Das Opfer. Biblischer Anspruch und liturgische
Gestalt, Freiburg 2000, S. 65.

des Lebens, der im Wirken Jesu gerade als Gott des Lebens, als Lebensmacht gegen jede Einschränkung des Lebens hervorgetreten ist? Wie ließe sich dieser sonderbare Widerspruch zwischen der Praxis Jesu im Leben und im Sterben auflösen? Musste Jesus etwa mit seinem Tod verdienen, was er in seinem Leben mit grenzenloser Großzügigkeit verschenkte? Zu dieser Schlussfolgerung kann nur kommen, wer die paulinische Hilasterion-Aussage gegen die Opfertheologie der Priesterschrift, die keine durch die Opfergabe verdiente Sühne kannte, und gegen die Praxis Jesu auslegte. Fragt man dagegen nach einer der Jesuspraxis und der alttestamentlichen Sühnetheologie konformen Auslegung der Hilasterion-Aussage, dann lautet sie: Im Sterben Jesu wird Gottes rettende und Schuld tilgende Gnade offenbar und wirksam. Am Kreuz wird also nicht der Zorn eines über die Sünde der Menschen erregten Gottes besänftigt.

Die Frage aber bleibt: Warum musste die Lebensbotschaft Jesu ihn mit solch zwingender Notwendigkeit an das Kreuz führen, das Jesus seine bevorstehende Hinrichtung in den Mahlgaben als notwendige Konsequenz seiner Sendung interpretieren konnte? Die Opfertheologie schwebt immer in der Gefahr, wegen der göttlichen Einsetzung der Opfer eine göttliche Notwendigkeit des Kreuzestodes zu postulieren. Sie verkennt dabei, dass es eine höchst menschliche, politische Notwendigkeit war, der Jesus zum Opfer fiel. Jesus fällt dem Versuch der herrschenden Macht zum Opfer, die eigene Macht mit dem stärksten Mittel des Menschen zu sichern, das ihm gegeben ist. Dem schweigenden Jesus hält Pilatus nach dem Johannesevangelium vor: „Weißt du nicht, dass ich Macht habe, dich freizulassen, und Macht dich zu kreuzigen?" (Joh 19,10). Damit benennt er präzise das äußerste Mittel menschlicher Machtausübung, die Drohung mit der Vernichtung des Lebens. Menschliche Macht gründet sich auf diese spezifische Weise des Umganges mit dem Leben: Es wird bedroht, angegriffen, verletzt und vernichtet. Für Paulus ist der Tod eine Folge der Sünde (Röm 5,12). Sünde als Abkehr von Gott realisiert sich als die tätige Abkehr vom Leben, als Praxis des Tötens. Dieser Grundsituation des Menschen, der seine Sündhaftigkeit in der tätigen Rebellion gegen den Gott des Lebens erweist, hat sich Jesus in seinem Leben gestellt, indem er die überlegene Lebensmacht Gottes vergegenwärtigte. Diese Konfrontation musste auf den Punkt zulaufen, an dem der eschatologische Kampf des Lebensboten für den Gott des Lebens dahin kommt, wo die Sündenmacht der Menschen ihre schärfste Waffe gegen Jesus wendet, den Tod. Nicht Gott macht Jesus zum

Opfer, sondern die Sünde der Menschen als ihr Widerstand gegen das Leben Gottes. In dieser Situation gibt es für Jesus nur die Alternative, sich entweder selbst auf die Logik des Todes einzulassen oder das Programm der offensiven Reinheit, der göttlichen Lebensmacht in die tiefste Nacht seiner endgültigen Bestreitung hinein aufrechtzuerhalten. Matthäus gestaltet diese Alternative in seiner Passionsgeschichte als Konflikt innerhalb der Jesusbewegung, wenn er Petrus das Schwert ziehen lässt. Mit Jesu Zurückweisung „Steck dein Schwert in die Scheide!" (Mt 26,52) beginnt seine Selbstauslieferung. Der Prophet des Lebens greift im Angesicht des Todes nicht zu den Waffen des Todes, sondern vertraut der größeren Lebensmacht Gottes.

Dadurch aber liefert er sich selbst paradoxerweise dem Tod aus und erfährt sich in der Zwangsläufigkeit, mit der er den Tod als die Konsequenz seiner Sendung versteht, als von Gott Ausgelieferter. Der von Menschen verursachte und herbeigeführte Tod des Gerechten nimmt im Handeln dessen, der der Inspiration Gottes folgt, indem er diesen Tod bejaht und annimmt, die Gestalt einer göttlichen Verfügung an. Hier liegt das Recht der Aussagen vom *Dahingegebenwordensein Jesu durch den Vater* (z.B. im Markusevangelium: 9,31; 10,33; 14,41).

12. Theologische Topoi zum Sterben Jesu und der Zorn Gottes

Jesus selbst hat seinen Tod als die notwendige Konsequenz seiner Sendung bejahen können, indem er seinen eigenen Tod als Tod für die anderen verstand. In seinem Sterben führt Jesus seine Botschaft von der rettenden und vollendenden Lebensmacht in jene Krise, in die alles menschliche Streben nach Macht und Überwindung des Todes immer wieder führt: in die Krise des Todes. Neu ist Jesu Antwort auf die Todesdrohung. Jesus erweist die Treue des Lebensgottes im Verzicht auf Gewalt und in der Annahme des Todesschicksals. Dieses Handeln Jesu ist angewiesen auf ein Handeln Gottes. Wird diese Deutung des Todesschicksals Jesu einer Konfrontation mit biblischen und theologiegeschichtlichen Schlüsselbegriffen für das soteriologische Handeln Jesu standhalten?

a) Jesu Sterben – „Lösegeld für die vielen?"

Das Markusevangelium gestaltet den Weg Jesu nach Jerusalem als einen Weg zum Kreuz. Drei Leidensankündigungen (Mk 8, 33–38; 9,30–32; 10,32–45) lassen keinen Zweifel daran, dass der markinische Jesus seinem Tod als einer eschatologischen Notwendigkeit entgegengeht. Der Klimax der Leidensankündigungen (Mk 10, 32–45) ordnet Markus die Klimax des kontrastiven Leitmotives vom Jüngerunverständnis nach (Mk 10,35–37): Johannes und Jakobus bitten Jesus, sie im Reich Gottes zu privilegieren. Jesu Antwort gipfelt in einer dreigliedrig klimaktischen Aussage (Mk 10,45): Nicht um sich *bedienen zu lassen* (1), sondern um *zu dienen* (2) und *sein Leben als Lösegeld hinzugeben für viele* (*doúnai tèn psychèn autoū lýtron antì pollōn*) (3) ist der Menschensohn gekommen. Die Metapher „*lýtron*", die im ersten Timotheusbrief als „*antilýtron*" rezipiert wird (1 Tim 2,6), entspricht hinsichtlich des Gedankens der *Lebenshingabe* für die anderen dem sachlichen Gehalt der Opfermetapher. Hier wie dort deutet ein Mensch sein Sterben als befreiend für andere. Erlösende Lebenshingabe ist auch die Aussagespitze der *lýtron*-Metapher in ihrem Kontext, der bestimmt ist durch die Antithese zwischen der Beanspruchung eines gehobenen Herrschaftsanspruchs durch Jakobus und Johannes und der dreifachen Entfaltung der eigenen Dienstabsicht durch Jesus.

Die *spezifische* Bedeutung der *lýtron*-Metapher geht jedoch verloren, wenn man sie schlicht mit der Sühnopfermetapher identifiziert. Die *lýtron*-Metapher enthält ja gerade nicht den Aspekt eines *Gott* dargebrachten Gutes. Die Metapher vom Lösegeld lenkt den Blick nicht auf eine gerechte Ordnung, innerhalb deren für Sünden Ersatz zu leisten wäre. Sie lenkt die Aufmerksamkeit nicht auf den Zusammenhang, *aus dem heraus* die neue Freiheit (von Schuld) gewonnen wird, sondern sie lenkt den Blick auf das, *was* gewonnen wird: ein Leben nämlich in Freiheit: Der Begriff „*lýtron*" setzt sich zusammen aus der Wurzel des Verbs *lýein* (lösen, aufbinden, losbinden) und der Endsilbe „*-tron*", die in verschiedensten Komposita ein zu zahlendes Entgelt bezeichnet. Angesichts dieser Metaphernlogik erscheint es als nicht sinnvoll, die prospektive Perspektive des *Löse*-geldbegriffes mit der retrospektiven des Opferbegriffes kurzerhand zu vertauschen. Der Lösegeldbegriff schaut auf das, *was gewonnen wird* (*die Befreiung, Auslösung*). Der Opferbegriff lenkt den Blick auf das, *was hingegeben wird* (*das Leben des Opfers*). Diese Aspektdifferenz darf nicht eingeebnet werden, indem man kurzer-

hand alle Aussagen des Sterbens für die vielen und der Lösegeld-
gabe für die vielen identifiziert mit der Sühnopfertheologie[66], um
diese dann im Sinne einer Gott geschuldeten Leistung zu interpretieren, die nach dem, was hier über die priesterschriftliche Sühnetheologie gesagt wurde, nicht haltbar ist. Die Lösegeldmetapher
lenkt den Blick nicht auf den fordernden Gott, sondern auf den *gebenden Jesus.*

b) Jesu Tod – eine Genugtuung für Gott?
(Anselm von Canterbury)

Die in der lateinisch-westlichen Theologie produktivste Modell-
vorstellung für die soteriologische Bedeutsamkeit des Sterbens Jesu
stammt von Anselm von Canterbury (1033–1109). Anselm begründet die Notwendigkeit des Sterbens Jesu aus der Gerechtigkeit
Gottes. Gottes Gerechtigkeit habe es unabdingbar gemacht, dass
Gott für die ihm mit der Sünde der Menschen zugefügte *unendliche
Beleidigung* eine der eigenen Unendlichkeit angemessene und so
selbst unendliche Genugtuung (*satisfactio condigna*) forderte. Diese
war durch keinen endlichen Menschen zu erbringen, sodass er in
seiner verzeihenden Liebe selbst Mensch werden musste, um die
Strafe auf sich zu nehmen und sich als der Gerechte so Genugtuung
zu verschaffen. Anselms Gedankengang spiegelt die lateinisch-west-
liche Tradition eines *hamartiologisch-juridischen Erlösungsdenkens,*
das die Verantwortung des Menschen als Subjekt, sein Schuldigwer-

---

[66] Helmut Merklein (ders., Der Sühnegedanke in der Jesustradition und
bei Paulus, in: A. Gerhards/K. Richter, Das Opfer. Biblischer Anspruch und
liturgische Gestalt, Freiburg 2000, S. 59–91, hier: S. 63 f.) interpretiert das
markinische Lösegeldwort als eine nachösterliche Variation des „*hypér
pollōn*" der Abendmahlsparadosis, die er wiederum als Ausdruck einer
Selbstopferüberzeugung Jesu versteht, die Jesus am Vorbild des vierten
Gottesknechtliedes (Jes 53) gebildet habe und die den Hintergrund bildet
für alle Hingabeformeln und Sterben-für-Formulierungen der Synoptiker.
Die Interpretation Merkleins arbeitet mit der Basishypothese, die Ver-
stehensprobleme aller neutestamentlichen Stellen, an denen von einem Tod
Jesu für andere die Rede ist, ließen sich mit einer an Jes 53 konkretisierten
Opfervorstellung lösen. Hier soll dagegen der Versuch unternommen werden, der Frage, wie der Tod eines Menschen für andere Menschen heilshaft
sein könne, nachzugehen, indem die individuelle sprachliche Ausformung,
die diese Idee erfährt, in ihrer Individualität ernst genommen und gewürdigt
wird.

den vor Gott, sein Sündersein und seine Erlösung als Befreiung von der Sünde in den Mittelpunkt selbst stellt. Anselm spiegelt aber auch die geordnete und vom *Ordo-Gedanken* faszinierte Welt des frühen Hochmittelalters. Gott ist in Anselms Denken nicht zornig. Er handelt mit der Zwangsläufigkeit des logischen Gedankens, der allerdings auf das Heil des Menschen als das entscheidende göttliche Motiv hinausläuft. Inhaltlich wird weder das Heil noch das Sterben expliziert. Auch das entspricht einer gewissen Zwangsläufigkeit: Heil, das als übertragbare Gegenleistung für den einen freiwilligen Tod verstanden wird, ist qualitativ wohl nur abstrakt vorstellbar, so wie auch umgekehrt der Tod nur abstrakt die Vernichtung des Lebens ist. Schmerz und Leiden des Sterbenden[67] werden ebenso ausgeblendet wie der Inhalt der Seligkeit, die durch das Leiden verdient wird.

c) Erlösung als Platztausch mit dem verdammten Sünder
(M. Luther)

In der Soteriologie Martin Luthers erfährt der Anselmsche Gedanke eine beachtliche Transformation. Luthers geistiger Hintergrund ist nicht mehr der *Ordo*, sondern die *zerbrechende Welt des Spätmittelalters*, in der das religiöse Subjekt Halt, Trost und Zuversicht in sich selbst und in der je eigenen Gottesbeziehung sucht. Das eigene Sündersein ist in dieser Situation keine erfahrungsferne Qualität, sondern *existentielle Qual* der Trennung von dem Gott, der Heil auch als individuell erfahrbare Tröstung verheißt. Sünde wird von Luther nicht mehr primär als Tatsünde verstanden, sondern als jene *Grundwidrigkeit des Menschen gegen Gott*, die ihn alles unter dem Apriori der eigenen Begierde (*concupiscentia*) erleben lässt. Dieser Grundwidrigkeit des Menschen gegen Gott entspricht auf Seiten Gottes ein legitimer und notwendiger Zorn. Die Realität des Gotteszornes ist alltäglich erfahrbar in der Trostlosigkeit des Sünders.[68] Sie gehört engstens zum Gesetz, das Gott als der Schöpfer der Welt eingestiftet hat.[69] In seinem Zorn erschrickt Gott die Gottlosen.[70]

---

[67] Vgl. die Kritik Hans Urs von Balthasars an Anselm Soteriologie (in: ders., Theodramatik, Bd. 3: Die Handlung, Einsiedeln 1980, S. 240f.).

[68] Martin Luther, Kritische Gesamtausgabe, Abteilung 1 (= Schriften), Weimar 1883ff., (im Folgenden: WA) 52, 800, 1–6.

[69] WA 1, 361, 1–3.

[70] WA 40 II, 227, 28–32.

acht der Fürsten ist ein Instrument des Gotteszornes.[71] Der ~~~~ Gottes über die Sünde gehört zu den Wirklichkeiten von Gesetz und Gericht, die durch das Evangelium nicht einfach aufgehoben sind. Auch der gerechtfertigte Gläubige steht bleibend unter dem Gesetz, nach dem Gott die Welt regiert. Luther selbst erfährt seine tiefen religiösen Anfechtungen als Wirkungen des Gotteszornes:

„Hier erscheint Gott schrecklich zornig und mit ihm gleichermaßen die gesamte Schöpfung. Da gibt es keine Flucht, keinen Trost weder drinnen noch draußen, sondern alles wird zum Ankläger. Dann wird laut gejammert mit diesem Vers: ‚Verstoßen bin ich weg aus dem Blick deiner Augen' (Ps 31,23). In diesem Augenblick wagt man nicht einmal zu sagen: ‚Herr, strafe mich nicht in deinem Zorn' (Ps 6,2). In diesem Augenblick kann die Seele nicht glauben (erstaunlich es zu sagen), dass sie jemals erlöst werden könnte; nur dass sie noch nicht die volle Strafe spürt. […]".[72]

Diese eigene Erfahrung der Gottesferne und des Verstoßenseins erkennt Luther in dem Gekreuzigten wieder. Jesus durchleidet den Tod, den andere ihm zufügen. Dieser Tod aber wird ihm im Namen des Gesetzes zugefügt. Der Sündlose wird so unter die Gesetzesbrecher und Sünder gezählt, die zu Recht vom Gotteszorn geschlagen werden. Durch seinen Aufschrei „Eloi, Eloi, lema sabachtani?" (Mk 15,34) bestätigt Jesus die eigene Gottverlassenheit und zählt sich selbst unter die Sünder, ja bezeugt von sich selbst die allerschlimmste aller Sünden, nämlich das Verlieren des Vertrauens zu Gott.[73] Das nun ist mehr als die Ableistung eines Werkes der Genugtuung. Gott verbindet sich am Kreuz mit der existentiellen Not des Sünders in seiner Angst und Verlassenheit. Erlösend kann dieses Leiden nur sein, weil es nicht ein Mensch ist, der hier zerschlagen wird von der Wucht des Zornes Gottes auf die ganze gottwidrige Welt. Erlösend kann dieses Leiden nur sein, weil es Gott selber ist, der sich hier zum Opfer seines eigenen legitimen Zornes über den Sünder macht.

In Luthers Christologie verschiebt sich konsequenterweise der Akzent auf die Gottheit Jesu[74]: Im Gekreuzigten durchleidet Gott

[71] WA 18, 410, 28–37.

[72] WA 1, 557, 37–558, 3.

[73] WA 3, 171, 19–22.

[74] WA 39 II, 6–33: Jesus ist die zweite innertrinitarische Person, die als Substanz die menschliche Natur trägt, so wie ein weißer Mensch als Substanz die Eigenschaft des Weißseins trägt.

selbst das Schicksal des Sünders. So drastisch wie Luther die Dimension des leidenden Jesus betont, so drastisch kann er andererseits den zürnenden Gott darstellen: Was Jesus am Kreuz durchlebt und durchleidet, ist nichts anderes als die ganze Wucht des Gotteszornes, den Gott legitimerweise gegen eine sündige Welt richtet.

Gott selbst durchleidet das Geschick des Sünders, nicht nur in seinen äußeren Übeln, sondern auch, wie das Wort des Gottverlassenen zeigt, in seinem geistig-seelischen Erleben. In diesem Leiden aber, in dieser Selbstauslieferung an den eigenen Zorn offenbart sich Gottes allen Zorn umfassende, Rettung verheißende Liebe. Sie ist Gottes *eigenes Werk* (*opus proprium*), um dessentwillen Gott das ihm Fremde, Sünde und Zorn, als sein *opus alienum*, das ihm fremde Werk durchleidet.[75]

Im Glauben an Jesus Christus und sein *eigenes* Werk, Sünde und Tod zu entmachten, indem er sie durchlitt, erkennt der Christ: „ Sei getrost, Gott zürnt nicht mit dir!"[76] Ist auch dein Leben geprägt durch die Erfahrung der Gewalt und der Diskrepanz zwischen Gott und seiner Welt. Wirkt in deinem Alltag auch erfahrbar der Zorn Gottes in den Übeln des täglichen Lebens, so weißt du doch im Blick auf den Gekreuzigten: Gott hat die Nacht deiner Sünden und deines Leidens am väterlichen Zorn Gottes erhellt, indem er den Durchblick aufschloss auf das *eigene* Sein Gottes: „Da ist ein väterliches Herz, da ist kein Zorn."[77] So erlöst Christus von Gottes Zorn.[78]

Diese Erlösung aber ist *kein Beiseiteschaffen des Zornes*. Der Zorn gehört bleibend zum Verhältnis von Gott und Welt bis zum Jüngsten Tag.[79] Er gehört zur dauernden Regentschaft Gottes über seine Welt. Aber seit Jesus Christus ist der Mensch diesem Zorn nicht in seiner ausweglosen Hoffnungslosigkeit ausgeliefert. Seit Jesus Christus ist Gottes Wille irreversibel *offenbar*, den Menschen vor dem unvermeidlichen und legitimen Zorn Gottes über die Sünde zu retten. Im Vertrauen auf diese Rettungsmacht Gottes, in der Gott zum Äußersten an Hingabe für den Sünder bereit und fähig war, darf der Sünder hoffen, dem endgültigen Gericht des

---

[75] Die Unterscheidung von opus propium und opus alienum: WA 1, 112, 24–113, 1.
[76] WA 44, 638, 24–28.
[77] WA 34 I, 299, 17–300, 1.
[78] WA 41, 224, 21–27.
[79] WA 40 II, 228, 18–20.

Gotteszornes zu entgehen. Wo aber der Mensch Gottes Wort zurückweist, da reizt er Gott zum Zorn.[80]

Die Botschaft von der Rechtfertigung des gottlosen Sünders durch das Kreuz Christi ist keine alles vergleichgültigende Botschaft von einer göttlichen Allversöhnung. Es ist die Schilderung eines *dramatischen Kampfes Gottes* um den einzelnen Menschen als Sünder. Gott will keinen Sünder verloren gehen lassen. Er will jeden vor seinem legitimen Zorn retten. Gleichwohl ist dieser Zorn das Gesetz, unter dem auch der Christ steht und gegen das zu murren dem Sünder nicht zusteht.[81]

Die Dramatik, mit der Luther die Rechtfertigung des gottlosen Sünders dachte, bricht mit der Metaphorik des sachhaften Tausches, die bei Anselm dominierte. Der Tausch ist bei Luther kein Tausch von Werten (die Gottheit Jesu für die Sünde aller Welt), sondern ein *Tausch des Lebensschicksals vor Gott* (der Gerechte für den Sünder im Angesicht des göttlichen Zornes). Dementsprechend ist der durch den soteriologischen Tausch herbeigeführte Zustand kein statischer Zustand des sicheren Besitzes eines heilsgarantierenden Guthabens, sondern *Hoffnung im Blick auf den Gekreuzigten* und das in ihm erschlossene Bild des liebenden Vaters, die der Christ im Angesicht der durch den Zorn Gottes geprägten Alltagswelt als das wahre Elixier seines Lebens für sich gewinnen muss.

Der Gotteszorn erscheint als alltägliches *Leiden an den Übeln*, das bitter wird und in seiner Schmerzhaftigkeit erst recht wirksam, wo der Glaube versagt und so das Gericht in seiner ganzen *Trostlosigkeit* wahrgenommen wird. Diese Aspekte des Gotteszornes sind ein Angeld auf die Verdammnis als des offenbarwerdenden Gotteszornes am Jüngsten Tag.

Der Tausch Gottes mit den Sündern zielt darauf, dass der Sünder hineinwächst in das *opus proprium* Christi, das in dem durchgehaltenen Glauben an den Vater und die nicht preisgegebene Zuversicht im durchlittenen Gotteszorn besteht. Luthers Stärke besteht in der *Überwindung einer objektivistischen Sprache*, die entweder nur Rettung oder nur Verdammnis zu predigen vermag. In seiner stark psychologischen Sicht des Einzelnen im Kraftfeld zwischen Gnade und Verdammnis, zwischen Fluch und Rettung gelingt Luther eine Deutung der Erlösung, die das Wirksamwerden dieser Erlösung im Einzelnen bindet an ein Hereinwachsen des Einzelnen in die Rolle

---

[80] WA 43, 435, 19f.
[81] WA 40 I, 525, 15–21.

Jesu, so wie umgekehrt die Erlösung nur möglich wurde, indem Gott sich auf die Rolle des Sünders einließ. Luthers Theologie vermag das biblische Motiv des Gotteszornes fruchtbar zu machen für seine Predigt von der Gnade und Liebe Gottes. Als der Zornige treibt Gott den Menschen in jene Krise, in der er sich verzweifelt oder hoffend in die Nachfolge dessen begibt, der dieselbe Verzweiflung durchlitten hat im Vertrauen auf die Liebe und Rettungskraft Gottes.

d) Stellvertretung

Die Stärke der lutherschen Soteriologie liegt darin, die *objektivistische Sprache* überwunden zu haben, mit der Anselm von einer satisfactio condigna sprechen konnte und mit der Thomas von Aquin den Mehrwert der satisfactio Christi als *meritum Christi* thematisierte, was zu dem Missverständnis führen konnte, es handle sich beim Heil Gottes für die Menschen um eine *sachhaft-objektive Wirklichkeit*, die dem Menschen zugewendet werden könnte, ohne dass das empfangende Subjekt sich dabei wandeln müsste. Luthers Konzeption vom gerechten Zorn Gottes dagegen nimmt die erfahrbare Krise des sündigen und ungerechten Menschen im Kontext einer zugrunde gehenden Welt wahr als Moment an der Gottesbeziehung des Menschen. Es geht bei dem Reformator nicht mehr um das gelegentliche Fehlen aus Schwäche in einem ansonsten geordneten Leben. Wo der Zorn Gottes mit Luther zu einer erfahrbaren Alltagswirklichkeit wird, da wird eine grundsätzliche *Gottwidrigkeit des Lebens* erlebt, da ist es eine alltägliche Erfahrung, dass der Mensch das ist, was Gott um seines Gottseins willen nicht bejahen *kann*. Diese Gottwidrigkeit hat objektive Dimensionen, insofern der Mensch eingebunden ist in eine ungerechte Welt und insofern er an ihr aktiv und passiv partizipiert. Diese Gottwidrigkeit hat subjektive Dimensionen, insofern der Mensch als Sünder mit seinem Wollen und Streben der widergöttlichen Welt entspricht. Diese subjektive Dimension ist aber ebenfalls insoweit „objektiv", als sie die gewohnheitsmäßige, habituelle Befindlichkeit des Menschen ist.

Wo Erlösung stattfindet, da gerät nach Luther die Verfahrenheit der Situation erneut in Bewegung. Gott nimmt das Schicksal der Sünder an, spricht sie in dieser Annahme frei und ermöglicht ihnen, wirklich frei zu werden.[82] Insofern Luther Erlösung als einen sub-

---

[82] W. v. Loewenich, Christi Stellvertretung. Eine theologische Meditation

jektiven Prozess denken kann, der ermöglicht wird durch die akt-
hafte Heilsinitiative Gottes, ist er dem anselmschen Objektivismus
überlegen und scheint zugleich eine Chance zu haben, dem klassischen kantischen Argument gegen die Stellvertretungslehre zu entgehen. Kant hält eine Stellvertretung des Sünders in seinem Sündersein ja deshalb für unmöglich, weil der Einzelne in seiner Freiheit
und sittlichen Verantwortung nicht vertreten werden kann. Schuld
ist „keine transmissible Verbindlichkeit, die etwa, wie eine Geld-
schuld [...] auf einen anderen übertragen werden kann."[83]

Erlösung nämlich ist nicht sachhafter Tausch, sondern subjekt-
haftes und kommunikatives *Wandlungsgeschehen*: Der Sünder wird
von Gott zum Guten gewandelt dadurch, dass er die überwältigende
Liebe Jesu annimmt, mit der Jesus sich dem Sünder angleicht. Diesen Sachgehalt der lutherschen Versöhnungslehre beabsichtigte gerade Friedrich Seiler (1753–1807) mit seinem Neologismus „*Stellvertretung*" zu verteidigen gegenüber einem objektivistischen Verständnis des lutherischen Begriffs der *vicaria satisfactio*. Jesus leistet
nicht sachhaft Genugtuung, sondern er tritt an die Stelle des Sünders, um dem Sünder zu ermöglichen, in das Leben des Gerechten
hineinwachsen zu können. Stellvertretung im ursprünglich theologischen Sinn des Wortes meint, „[...] dass jemand durch Selbsthinga-
be und Selbsteinsatz einem anderen die ‚Stelle' für dessen eigenes
Dasein eröffnet und ihn so freisetzt ins Selbst-Sein [...]"[84] „‚Eigentliche Stellvertretung' [...]" bedeutet so nach Menke immer „[...]
eine direkte Proportionalität zwischen Einheit und Unterschieden-
heit zweier personaler Wirklichkeiten [...], ‚uneigentliche' Stellvertretung hingegen bedeutet deren nur äußerliche, fiktive oder rein
juristische Vermittlung."

Der Stellvertretungsbegriff macht eine Deutung des Kreuzestodes und seiner Heilsbedeutung für alle Menschen denkbar, die die
Aporien des Satisfaktionsgedankens überwindet: In seinem Tod
durchleidet Jesus das Schicksal des Sünders, er folgt dem mensch-

zu Luthers Auslegung von Gal 3,13, in: ders., Von Augustin zu Luther.
Beiträge zur Kirchengeschichte, Witten 1959, S.150–160, hier: S.156: Christus
„zahlt nicht eine Abschlagsumme für unsere Sündenschuld, sondern er
nimmt diese Schuld auf seine Schulter. Um unserer Sünde willen wird der
Sündlose zum Sünder."

[83] I. Kant, Die Religion innerhalb der Grenzen der bloßen Vernunft, B 95.

[84] K. H. Menke, Stellvertretung. Schlüsselbegriff christlichen Lebens und
theologische Grundkategorie, Einsiedeln ²1997, S.24.

lichen Abweg vom Gott des Lebens bis in die düstere Konsequenz
des Todes. Im Angesicht dieses Sünderschicksals des Todes greift
Jesus nicht zum Sündermittel des Todes, sondern durchleidet die
Gewalt des Sterbens in der Hoffnung auf die von ihm in Wort und
Tat bezeugte Lebensmacht Gottes, die er dadurch zugleich in ihrer
Wirksamkeit erweist.

13. Die paulinische Entfaltung des Gotteszorn-Themas

Paulus ist *der* Theologe der Gnade Gottes im Neuen Testament.
Die Mitte des paulinischen Evangeliums bildet seine Erfahrung:
Durch den Glauben an Jesus Christus führt Gott den Einzelnen ein
in eine innerlich geheilte Beziehung zwischen Gott und Mensch
(Röm 3,21–24).[85] So errichtet Gott seine *Gerechtigkeit* als eine Lebensordnung, in der der Mensch im Frieden mit Gott lebt und sich
im Einklang mit dem Willen des Schöpfers, der der Welt sein Recht
eingestiftet hat, entwickelt. Gottes Gerechtigkeit ist nicht die rich-
terlich strafende Gerechtigkeit, die der Ungerechtigkeit des Menschen nicht mehr entgegenzusetzen hätte als eine ständig nachlau-
fende Strafgerechtigkeit, die die Ordnung nicht wiederherzustellen
vermag und stattdessen in ohnmächtiger Macht die Täter schlägt.
Gottes Gerechtigkeit als die von Gott her sich durchsetzende Lebensordnung des Menschen ist eine aus der Kraft Gottes heraus
wirksame, kreative Macht, die in der Lage ist, Menschen gerecht zu
machen, sie zu *rechtfertigen*.
Der Theologe der machtvoll verwandelnden Gnade Gottes als
der Herzmitte christlicher Existenz ist jedoch zugleich Theologe des
Gotteszornes (*orgé theoū*). Beide Themen der paulinischen Theologie treten im ersten Kapitel des Römerbriefes (Röm 1,17f.) in einen
unmittelbaren Zusammenhang: Im Evangelium wird die Gerechtigkeit Gottes offenbart (Röm 1,17), und zugleich wird „vom Himmel
herab" offenbar „der Zorn Gottes [...] wider alle Gottlosigkeit und
Ungerechtigkeit der Menschen, die die Wahrheit durch Ungerechtigkeit niederhalten" (Röm 1,18). Das Christusereignis als die im

---

[85] Th. Söding, Kriterium der Wahrheit? Zum theologischen Stellenwert
der paulinischen Rechtfertigungslehre, in: ders., Worum geht es in der
Rechtfertigungslehre? Das biblische Fundament der „Gemeinsamen Er-
klärung" von Katholischer Kirche und Lutherischem Weltbund, S. 193–246,
hier: S. 199–210.

Leben und Sterben Jesu erschlossene neue Unmittelbarkeit zu Gott
wird begleitet durch die Wirklichkeit des Zornes Gottes. Dieser
Zorn aber ist kein göttlicher Affekt. Ja, die nachfolgende paulinische Schilderung des Gotteszornes (Röm 1,19–32) lässt ihn nicht
einmal als eine göttliche Tätigkeit erscheinen. Vielmehr ist er das
schicksalhafte Verhängnis der Menschen, die Gott die Anerkennung
verweigern. Dieses Grundübel zieht als das Offenbarwerden des
Gotteszorns eine bodenlose moralische Deszendenz nach sich:
„Darum liefert Gott sie durch die Begierden ihres Herzens der Un-
reinheit aus" (Röm 1,24). Das unmoralische Tun der Menschen, ihre
Selbstentehrung bis hinein „in den körperlichen Bereich"[86] ist selbst
das Offenbarwerden des göttlichen Zorns.

Dieses Motiv des haltlosen Weggegebenseins an die eigenen „Begierden des Herzens" (Röm 1,24) als der eigentlichen Strafe Gottes
erinnert an das prophetische Motiv des *Taumelbechers*, den JHWH
denen reicht, die er der besinnungslosen Trunkenheit ausliefert, in
der sie wehrlos sind gegenüber ihren Feinden (Jes 51,17; Jer 51,7)
und in der sie durch ihre Nacktheit entehrt werden (Hab 2,15). Besteht das Heil in der Verwandlung des Menschen (Jes 51,17; Jer
51,7), durch die er eintritt in das Reich der Gerechtigkeit Gottes, so
ist das Unheil wesentlich Trennung von Gott. In der Trennung von
Gott gehen die Standards und Maßstäbe verloren. Zwischen der
Anerkenntnis Gottes und einem heilvollen und friedlichen Leben
besteht ein ontologischer Zusammenhang. Deshalb ist derjenige,
der statt sich an Gott auszurichten, den „Begierden des Herzens"
folgt, mit der Zwangsläufigkeit der Schöpfungsordnung der Aus-
gelieferte, der in seiner Torheit und Verblendung unentwegt sich
selbst und anderen schadet und so unausgesetzt die Strafe seiner
Entfremdung von der Ordnung Gottes erfährt.

Dieser „Karneval der Sünde" wird *augenfällig* (Röm 1,18: „wird
… offenbart") im Horizont des durch Christus allen Völkern „unabhängig vom Gesetz (Röm 3,21) angebotenen heilshaften Verhältnisses von Gott und Menschen. In diesem neuen heilshaften Verhältnis
von Gott und Mensch erfüllen die Gerechten das Gesetz, sie respek-
tieren die göttliche Ordnung des Kosmos, den *nómos*, als substantiel-
le Größe in der Welt. Dies aber geschieht insofern „unabhängig vom
Gesetz", als das Gesetz nicht das Motiv seiner Erfüllung ist. Das Ge-

---

[86] H. Hübner, Biblische Theologie des Neuen Testaments, Bd. 2: Die Theologie des Paulus und ihre neutestamentliche Wirkungsgeschichte, Göttingen
1993, S. 265.

setz ist nicht länger der Heils-*weg*. Es bleibt aber auch für den Gerechtfertigten als jene Ordnung bestehen, die der Schöpfer seiner Welt eingestiftet hat. In der Rebellion gegen diese Ordnung kann es keinen Frieden des Einzelnen geben. Im Lichte des erfahrenen Friedens einer Gesetzestreue, die sich speist aus dem vorgängigen Handeln Gottes statt aus einer verkrampften eigenen Bemühung, wird die katastrophische Natur der Rebellion gegen das Gesetz offenbar. Solange der Mensch das *Gesetz als Heilsweg* betrachtete und unentwegt sein eigenes Scheitern vor dem Gesetz erlebte, konnte das Gesetz als ein Instrument des Gotteszornes erscheinen: „Die Sünde erhielt durch das Gebot den Anstoß und bewirkte in mir alle Begierde, denn ohne das Gesetz war die Sünde tot" (Röm 7,8). Im Lichte der von Gott her offenbar gewordenen Gerechtigkeit als einer von Gott getragenen Ordnung der inneren Zustimmung und Übereinstimmung mit dem Gesetz als göttlicher Ordnung wird die Ausgeliefertheit an die gottwidrigen Begierden als Kennzeichen eines Lebens ohne Gott erst recht bewusst. Der Zorn Gottes als das in der Schöpfung obwaltende dauernde Gericht gegen „alle Gottlosigkeit und Ungerechtigkeit" der Menschen wird als Realität erkannt.

Die Begierden des Herzens als die entscheidenden Instrumente des Gotteszornes gehören zum Menschen, insofern er „Fleisch" (*sárx*) ist. Als Fleisch ist er ausgeliefert an die Sünde (*hamartía*). Bezeichnet „Fleisch" das Fürsichsein des Menschen in seiner Abgekehrtheit von Gott[87], so ist die Sünde bei Paulus eine überindividuelle, psychologisch und soziologisch höchst virulente, eigendynamische Wirklichkeit, aus der Menschen sich von sich aus nicht befreien können, weil die korrumpierende Kraft der Sünde bis in die eigenen Antriebskräfte hineinragt.

In zugespitzter Form wird im Zeitalter der offenbar werdenden Gottesgerechtigkeit der Zorn als eine die Gegenwart kennzeichnende Größe offenbar. Als Zorn *Gottes* erscheint er weniger, weil Gott das Subjekt dieses Zornes wäre, als vielmehr deshalb, weil es sich um eine kosmische Größe handelt, die der Gerechtigkeit Gottes entgegensteht. Der Zorn begleitet das Heil wie der Schatten das Licht und bleibt dennoch in dem einen Kosmos Gottes von der Macht und Verfügung Gottes umfangen, wodurch Paulus die dualistische Ausweitung seiner Konzeption von der Eigendynamik des Zorns in der Welt vermeidet. Alles Wirken des Zornes gründet in einer göttlichen Auslieferung, in einem Raumgeben Gottes. So bleibt der Zorn Zorn

---

[87] A. a. O., S. 262 f.

Gottes, obwohl eine emotionale Erregung Gottes ebenso wenig erkennbar ist wie eine direkte göttliche Verursachung.

Neben der Vorstellung einer sich in der Gegenwart ereignenden Scheidung zwischen sarkischer und pneumatischer Menschheit erwartet Paulus für die unmittelbare Zukunft ein Eintreffen des göttlichen Endgerichts, für das Paulus auf die prophetische Formel vom „Tag des Zornes JHWHs" zurückgreift, dabei jedoch bezeichnenderweise das Attribut JHWHs tilgt (Röm 2,5). Das Endgericht ist forensisches Gericht Christi (2 Kor 5,10), bei dem jedem nach seinen Taten vergolten wird (Röm 2,6). Denen, die „beharrlich Gutes tun", wird das ewige Leben zuteil, jenen aber, die „selbstsüchtig nicht der Wahrheit, sondern der Ungerechtigkeit gehorchen", widerfährt „Zorn und Grimm" (Röm 2,8: *orgé kai thymós*). Aber auch hier, wo der emotionale Begriff *thymós* es nahe legt, an eine göttliche Erregung zu denken, bleibt die Vorstellung doch sehr diskret, nicht zuletzt deshalb, weil das Attribut „Gottes" unerwähnt bleibt. „Drangsal und angstvolle Enge" (*thlýpsis* und *stenochôría*: Röm 2, 8) treffen die Übeltäter, ohne dass allerdings das Subjekt benannt würde, durch das diese Wirkung herbeigeführt wird. Der prophetische Tag des Zorns wird bei Paulus zu einer geradezu buchhalterischen Metapher des Endgerichts: Wer sich halsstarrig verhält und seine Mitbrüder richtet, sammelt Zorn gegen sich für den „Tag des Zorns" (Röm 2, 5).

Vor diesem endzeitlichen, herannahenden Zorn Gottes rettet die Gerechtigkeit Gottes als aktiv gerechtmachendes Handeln Gottes: „Nachdem wir jetzt durch sein Blut gerecht gemacht worden sind, werden wir durch ihn erst recht vom Zorn errettet werden (Röm 5,9). Die Gerechtmachung „durch sein Blut" spielt an auf die theologisch ungeheuer produktive, wahrscheinlich schon vor Paulus zur Glaubensformel kondensierte Idee[88], den Kreuzestod Jesu vom Ritual des Großen Versöhnungstages (Lev 16) her zu deuten. Wie im Sühneritual des Großen Versöhnungstages dem Volk von Gott her Entsühnung und Neuanfang zugesprochen wurden, so geschieht dies in einer überbietenden Weise im Kreuzestod Jesu, in dem Gott seinen rettenden Willen gegenüber der Menschheit in die äußerste Schuld der Menschheit hinein durchgehalten hat. Diese Rettung vor dem Zorn durch Gottes freies Handeln in Jesus Christus ist aber für Paulus kein heilsgeschichtlicher Automatismus, von dem her sich die

---

[88] K. Berger, Theologiegeschichte des Urchristentums, Tübingen ²1995, S. 216–219.

Weltgeschichte in eine Zeit des Zornes und eine Zeit der Gnade teilen ließe. Die Gegenwart bleibt geprägt durch den Gotteszorn und für die Zukunft steht das scheidende Gericht Christi aus. In der Gegenwart aber bietet Gott die Ausrichtung auf den Gekreuzigten als Heilsweg an, „denn Gott hat uns nicht für das Gericht seines Zornes bestimmt, sondern dafür, dass wir durch Jesus Christus, unseren Herrn, das Heil erlangen" (1 Thess 5,9). Wo der Mensch sich hingebend der Botschaft öffnet, dass Christus am Kreuz sein Leben hingegeben hat für die vielen, da gewinnt er Anteil an der rettenden Wirksamkeit Gottes in der Welt, da tritt er ein in den *Kraftbereich der Gerechtigkeit Gottes*, die das Leben jedes Menschen verwandeln will. Durch diesen Glauben als Hingabe an die Botschaft vom Gekreuzigten entgeht der Christ dem Gericht und allen immanenten Wirksamkeiten des Gotteszorns in der Gegenwart.

14. Der Zorn Gottes in der Apokalypse

Keine andere Schrift des Neuen Testamentes spricht explizit so oft vom Zorn Gottes wie die Apokalypse. Das ist nicht unerwartet, handelt es sich doch bei der Apokalypse um das Gerichtsbuch des Neuen Testamentes. Es entfaltet die auch zur Reich-Gottes-Botschaft unlösbar zugehörige Vorstellung, dass der Anbruch der Herrschaft Gottes verbunden ist mit dem Verderben für „alle, die die Erde verderben" (Offb 11,18). Anders als in der jesuanischen Verkündigung wird dieses Verderben in der Apokalypse detailliert in seiner konkreten Instrumentalität gestaltet.

Erst in seiner letzten Phase ist dieses Geschehen forensisches *Gericht*, in dem Gott vom Thron Gottes herab alle Toten richtet (Offb 20,11–15). Dieses Gericht endet zwar mit der endgültigen Vernichtung derer, die „nicht im Buch des Lebens verzeichnet" stehen (20,15). Dieses Vernichtungsgeschehen ist jedoch die völlig leidenschaftslose Beseitigung, der eine emotionslose, buchgestützte Verhandlung vorangegangen ist. In dieser Endphase hat der Zorn Gottes keinen Sinn mehr. Das forensische Gericht setzt die absolute Souveränität Gottes voraus. Der Zorn Gottes aber gehört in den Zusammenhang des Kampfes Gottes um die Durchsetzung seiner Souveränität.

In den vorangegangenen Phasen des Endes aber kommt dem Zorn Gottes eine geradezu leitmotivische Funktion zu. Dabei wird neben dem Terminus *orgé*, der eher den objektiven Tatbestand des

Zürnens bezeichnet, der Begriff *thymós* verwendet, der für die subjektive Erregung des Zürnenden steht. Die Zuordnung des Begriffes
thymós, des Wutzorns, zu Gott als seinem empfindenden Subjekt ist
jedoch nicht eindeutig. Ganz überwiegend wird der Begriff mit dem
Zornwein in Verbindung gebracht (Offb 14,8.10; 16,19; 18,3; 19,15),
den der Verfasser der Apokalypse aus der prophetischen Zorn-Got-
tes-Tradition übernimmt. Dort aber bezeichnet der Zornwein einen
Straftrank, der denjenigen Übelkeit bereitet, die ihn trinken müssen
und die auf diese Weise zu wehrlosen Opfern werden. In diesem
Sinne reicht nicht nur Gott den Zornwein, sondern insbesondere
auch das in der Allegorie der Hure Babylon auftretende Rom, das
„alle Völker betrunken gemacht [...] mit dem Zornwein [seiner] Hu-
rerei und [Abgötterei]" (Offb 14,8). Der Zornwein Roms wird näher
bestimmt mit dem Attribut *tēs porneías* (ebd.), der Unzucht also, der
sexuellen Zügellosigkeit, des Götzendienstes. Die Übelkeit, die Rom
bei den Völkern hervorruft und die im Lichte des christlichen Denkens als Strafe erscheint, besteht in der Hemmungslosigkeit. Die Wut
Gottes ist in diesem Falle die menschliche Wut, die sich gegen den
Menschen selbst richtet, indem sie ihn in eine selbstzerstörerische
Hemmungslosigkeit treibt. Sie ist „Zorn Gottes", insofern Gott diese
Wut als Strafe gegen die Verderber der Erde verhängt.

   Näher an Gott als Subjekt tritt der *thymós*-Begriff im Zusammenhang der *Zornschalen*: Sie sind gefüllt mit dem leidenschaftlichen
Wutzorn Gottes (Offb 15,7; 16,1), in ihnen kommt der Zorn Gottes
zu seinem Ziel (15,1), der Rache an den Götzendienern (16,2), den
Prophetenmördern und Christenverfolgern (16,6) sowie an allen,
die nicht ablassen davon, Gott zu verfluchen (Offb 16,9.11.21). Aber
auch hier ist *thymós* nicht der emotional-innergöttliche *Ursprung*
der Plagen, sondern ihr eigentliches Wesen: Verstockten Herzens
verweigern die Geschlagenen die Bekehrung und verfluchen Gott
(Offb 16,9), erweisen sich so als besinnungslos *wütend*. Eindeutiger
noch wird dieser Zusammenhang bei der sechsten Zornschale (Offb
16,12–14), deren Folge Dämonengeister sind, die den Mäulern des
Drachen, des Tieres sowie der falschen Propheten entsteigen. Diese
Dämonengeister bewirken die kriegerische Verstockung der Könige
der ganzen Erde, die auf diese Weise zum *Wüten* zusammengeführt
werden, zum Krieg „am großen Tag Gottes" (Offb 16,14). Die Zor-
neswut Gottes erscheint also auch hier als die Wut derer, die gerade
mit ihrer eigenen Wut von Gott gestraft werden.

   Der Begriff der *orgé* bezeichnet in der Apokalypse eher das
souveräne Gerichtshandeln Gottes.

II. Der Zorn Gottes
als Problem theologischer Hermeneutik

1. Das Problem

Das Christentum hat seine theologische Identität seit den Apologeten des Altertums in der Weise einer systematischen intellektuellen Argumentation formuliert. Diese Vorgehensweise ist auf eine zweifache Weise legitimierbar:

(1) In Anknüpfung an die Schöpfungstheologie
Der Gedanke eines Schöpfers der Welt und aller Menschen impliziert den Gedanken einer alle verbindenden *Ordnung der Schöpfung*, in der sich der Wille des Schöpfers dem rationalen Erkennen des Geschöpfes zeigt.

(2) Aufgrund der Menschwerdungsaussage
Gottes „letztes Wort" in der langen biblischen Offenbarungsgeschichte besteht darin, dass Gott *Mensch wird* (Hebr 1,1–3). Aus dieser Einsicht leitet sich schon bei Paulus eine neue Qualität des biblischen Universalismus ab. Gottes Menschwerdung ist die Offenbarung seines Willens, für *alle* Menschen sein Heil zu wirken (1 Tim 2,4).

Dieser neue christliche Universalismus gewinnt eine Verstärkung durch den Universalismus der griechischen Philosophie, der durch die Patristik importiert wurde: Verbindet nicht alle Menschen die gemeinsame Menschennatur, muss nicht Menschwerdung dementsprechend gedeutet werden als die Annahme der Menschennatur durch Gott und impliziert diese Annahme nicht, dass Gott sich in der Menschwerdung so mit allen Menschen verbindet, dass die Menschwerdung Gottes die Gottwerdung des Menschen einschließt?

Das Bewusstsein für die Einheit aller Menschen, das Menschheitsdenken, hat als Ermöglicher und Begleiter der aufgeklärt-technischen Weltbeherrschung seit der Aufklärung eine massive Verstärkung erfahren: Eine alle Menschen verbindende weltweite Organisation der Zukunft erscheint immer mehr als eine technischlogische Notwendigkeit. Dieses aufgeklärt-säkulare Einheitsbewusstsein wird jedoch begleitet von immer neuen, scheinrational begründeten Partikularismen, die im zwanzigsten Jahrhundert mit nie gekannter Vernichtungsrationalität wirksam wurden. Die Einheit der Menschen scheint eben nicht herstellbar zu sein über den Aufweis ihrer technisch-strategischen Nützlichkeit oder Unausweichlichkeit. Das dem Nützlichkeitsdenken innewohnende Moment an Machbarkeits- und Herrschaftslogik verführt dazu, Einheit durch Exklusion der Widerstrebenden schaffen zu wollen. So wird das zwanzigste Jahrhundert nicht nur zum Einstieg in die globale Zivilisation, sondern auch zum Jahrhundert der Völkermorde. Für das einundzwanzigste Jahrhundert kündigt sich bereits der Einstieg in eine Zivilisation der eingeschränkten Solidarität an, die Ungeborene, Schwerkranke und Erbkranke scheinbar unabwendbar rational aus der Gemeinschaft aller Menschen herausargumentiert.

Das Christentum bekennt dagegen die Einheit aller Menschen auf der *Grundlage ihrer Geschöpflichkeit und ihrer gemeinsamen Berufung zur Gemeinschaft mit dem dreieinen Gott.* In der historischen Situation einer Gefährdung des Universalismus durch eine sich globalisierende Kultur hat das Christentum die Schöpfungs- und Versöhnungslehre als die Fundamente des weltumspannenden Universalismus zu dessen eigener Rettung vor allfälligen Partikularismen zur Geltung zu bringen. Diese Aufgabe aber verlangt die Orientierung der theologischen Argumentation an dem Ideal universaler Verstehbarkeit. Die Orientierung an allgemeiner, die Grenzen der Glaubensgemeinschaft überschreitender Verstehbarkeit bedeutet nicht die Ableitbarkeit des Christentums aus allgemeinen Vernunfteinsichten. Ein solches Ideal der natürlichen Religion basiert auf der Ignoranz gegenüber der *Historizität und Freiheitsabhängigkeit der Vernunft* selber. Die biblische Religion basiert dagegen auf Erfahrungen, die nicht aus apriorischen Vernunftwahrheiten ableitbar sind. Diese Erfahrungen aber sind für die biblische Religion wesentlich. Wer sie denkerisch wegrationalisieren wollte, um zum reinen Kern eines ursprünglich nur vernünftigen Gottesglaubens vorzudringen, würde auf diese Weise den biblischen Gottesglauben selbst eliminieren.

Aus dieser Problemskizze ergibt sich für die theologische Hermeneutik eine zweifache Problemspitze:

(1) Das Christentum hält in seiner argumentativen Geltendmachung seiner Wahrheit am *Ideal universaler Verstehbarkeit* fest.

(2) Andererseits aber muss das Christentum seiner eigenen biblischen Überlieferung mit dem Verdacht begegnen, dass sich in ihr ein *theologischer Erfahrungsüberschuss* niedergeschlagen hat, der weit über das hinausführt, was die menschliche Vernunft sich von sich aus errechnet.

Diese Überlegungen sind hinsichtlich der zentralen Glaubens-
überzeugungen völlig unstrittig: Sie bilden etwa die Grundlage der
Trennung zwischen natürlicher Theologie und heiliger Theologie bei
Thomas von Aquin. Die natürliche Theologie kann ihre Evidenzen
rational ableiten, die *„sacra theologia"* kann lediglich nachweisen,
dass ihre Inhalte, *nachdem* sie offenbart wurden, der Vernunft nicht
widersprechen.

Problematischer wird es, wenn man sich dem Thema des zornigen
Gottes annähert. Während allenthalben selbstverständlich akzeptiert wird, dass die Rede von der Gottessohnschaft Jesu im Johannesevangelium nicht als irrationale anthropomorphe Mythologie
aus dem Evangelium zu tilgen ist, scheint es vielen als ebenso selbstverständlich, dass die biblisch häufig bezeugte Rede vom Gotteszorn eben diesem Schicksal zu Recht ausgeliefert wird. Diese Un-
gleichbehandlung von Offenbarungsinhalten ist vorbereitet durch
die theologische Tradition, die der rationalen Durchdringung des
Gottessohn-Theologoumenons seit der Patristik die größte Aufmerksamkeit gewidmet hat. Dem Gotteszorn-Theologoumenon
wurde vergleichbar weniger Interesse der großen Theologie zuteil.
Allerdings gibt es Ausnahmen von dieser Regel, die kurz beleuchtet
werden sollen.

2. Klassische Lösungsversuche

a) Natürliche Theologie des Gotteszornes: Laktanz

In patristischer Zeit widmet der zunächst unter Diokletian als
Christ verfolgte, dann unter Konstantin zum Prinzenerzieher auf-
gestiegene Rhetorikprofessor Caecilius Firmianus Lactantius dem
Zorn Gottes ein eigenes Büchlein: De ira Dei. Der hermeneutische
Weg, den Lactantius weist, ist ganz und gar bestimmt durch die *Rationalisierung biblischer Inhalte* für die Erfordernisse des Christentums
in der neuen, ihm zugefallenen Rolle der Staatsreligion. Die „Ordnung des menschlichen Lebens" ist der Dreh- und Angelpunkt der
Argumentation: Ein Gott, der nicht zürnt, wird nicht gefürchtet. Ein
Gott, der nicht gefürchtet wird, wird nicht verehrt. Er lässt die Menschen in „Verbrechen", „Unmenschlichkeit" und „Zügellosigkeit"
versinken, denn der Mensch schätzt gering, was er nicht fürchtet.[1] Das
Gewissen würde machtlos, die Religion stürbe ab. Der Zorn Gottes
ist also eine *ordnungspolitische Notwendigkeit.*

---

[1] De ira Dei, cap. 8.

Eine *theologische Notwendigkeit* des Gotteszornes leitet Lactantius aus einer Theorie der Affekte ab: Positive Affekte kann nur der entwickeln, der auch zu den komplementären negativen Affekten fähig ist. Was wäre von der Liebe eines Menschen zu halten, der unfähig wäre zu hassen? Liebe und Hass sieht Laktanz als die Wirkungen desselben Affektzentrums, das mal negativ, mal positiv bewegt wird. Eine der beiden Bewegungsrichtungen zu bestreiten bedeutet nach Laktanz die Bestreitung der Bewegungsfähigkeit überhaupt.[2]

Laktanz stellt sich dem Programm einer philosophisch-rational vermittelbaren Lehre von Gott. Seine unbekümmerte Ableitung göttlicher Eigenschaften aus der staats- und gesellschaftsphilosophischen Bedarfssituation einerseits und einer Anthropologie der Affekte andererseits macht den Gottesbegriff selbst verdächtig. Darin bestand ja gerade die Überlegenheit des christlichen Gottes, das er identifizierbar war mit der *großen philosophischen Tradition der negativen Theologie*, die lehrte, dass das Göttliche eben nicht aus der Welt ableitbar ist, sondern ihr absolut transzendent ist. Ein solchermaßen von Projektionen und Funktionen gereinigter Begriff des Göttlichen konnte sich der biblischen Erzähltradition vom Exodusgott und vom Gott des Gekreuzigten assoziieren. Denn der biblische Gott war der Gott des mehr als Unwahrscheinlichen, der Gott von *Torheit* (*môría*) und *Ärgernis* (*skánalon*, 1 Kor 1,18–31). Die biblische Botschaft lebte von der Grundüberzeugung, dass Gott aus der *Andersheit seines Seins*, aus der *Fremdheit seines Wesens* und der *Verborgenheit seiner Gegenwart* heraus Menschen aus ihrer als nicht menschgemäß erlebten Wirklichkeit zu befreien vermag. Der biblische Gott eignet sich auf den ersten Blick nicht als staats- und gesellschaftstragende Gottheit, weil die Bibel ihn als staats- und gesellschaftskritischen Exodusgott feiert. Er ist der Gott der Transzendenz, der Befreiung, in der Menschen ihre Zukunft und ihre Entwicklungsmöglichkeit als die Verheißung dessen erleben, was sie von Gott erwarten. Paulus bringt diese Negativität christlich-jüdischer Gotteshoffnung im Verhältnis zu allen ableitbaren innerweltlichen Hoffnungen auf die Formel:

„Nein, wir verkünden, wie es in der Schrift heißt, was kein Auge gesehen und kein Ohr gehört hat, was keinem Menschen in den Sinn gekommen ist: das Große, das Gott denen bereitet, die ihn lieben." (1 Kor 2,9)

Das griechische Programm einer negativen Theologie, deren Motor die Mythenkritik und deren Basiseinsicht die Unvergleich-

2 Ebd., cap. 4.

lichkeit des Göttlichen mit allem Endlichen ist[3], findet eine Entsprechung in dem biblischen Zeugnis von dem erlösenden Anderssein Gottes, wie es in seinem heilsgeschichtlichen Offenbarungshandeln hervortritt. Die negative Theologie wird so zu einem konstitutiven Element christlicher Gottesrede.

b) Die klassische Lehre „De Deo Uno" und der Gotteszorn

Die klassische Natürliche Theologie von Anaximander (611–546 v. Chr.)[4] über Philo von Alexandrien († 45 n. Chr.) bis zur maßgeblichen Autorität des Aquinaten[5] entwickelt ihren Gottesbegriff ausgehend vom Gedanken des gründenden Ursprungs allen Seins, der *arché*. Aus der Auffassung Gottes als des anfanglosen Anfangs ergibt sich ein Bündel denknotwendiger Eigenschaften: *absolute Einfachheit, Einzigkeit, ontologische Güte, absolute Vollkommenheit, die Unendlichkeit, Personalität, Körperlosigkeit, Unveränderlichkeit, Leidlosigkeit, Erhabenheit über allem, Ewigkeit.*[6] Das gemeinsame Prinzip all dieser Eigenschaften besteht in der Einsicht darin, dass Gott als der Ursprung von allem in einer absoluten Unabhängigkeit von allem gedacht werden muss, weil er sonst nicht als der universale Ursprung erschiene, sondern als ein zumindest partiell Abhängiges.

Wendet man dieses Grundprinzip an, so ergibt sich daraus eine brauchbare Regel für die Rede über göttliche Affekte. Die klassische griechische Philosophie hat göttliche Affekte als denkunmöglich abgelehnt, weil Affekte prinzipiell als Formen des *Erleidens einer fremden Wirkung* gedeutet wurden, die als solche dem ursprunglosen Ursprung allen Seins unangemessen sind. Die biblische Gottesoffenbarung schildert dagegen Gott als *(mit-)leidend und eifernd Anteil nehmend* an der Geschichte Israels. Die Formel von der grundsätzlichen absoluten Unabhängigkeit Gottes von seiner Schöpfung ermöglicht es nun durchaus, diese grundsätzliche Unabhängigkeit zusammenzudenken mit einer von Gott gewollten und

---

[3] W. Weischedel, Der Gott der Philosophen. Grundlegung einer philosophischen Theologie, 2 Bde., Darmstadt 1971, Bd. 1, S. 46.

[4] Ebd., S. 39f.

[5] Sth I, q. 2, a. 3: Thomas beweist die Existenz Gottes in Anwendung des metaphysischen Kausalitätsprinzips. Gott wird so erschlossen als die Ursache allen Seins.

[6] O. Muck, Philosophische Gotteslehre, Düsseldorf 1983, S. 155–163.

bejahten Abhängigkeit, die auch pathische Momente miteinschließt. Analog lässt sich hier die skotistische Unterscheidung von der *potentia Dei absoluta* und der *potentia Dei ordinata* anwenden, indem man unterscheidet zwischen einer *impassibilitas absoluta* (metaphysische Apathie), die eine von Gott frei gewollte Passibilität und Affizierbarkeit nicht ausschließt.

Will man auf diesem Weg zu einem Verständnis der Gotteszorns gelangen, so tut sich eine weitere Schwierigkeit auf: Gottes Leiden resultiert aus der Selbstauslieferung des absolut Freien an die endliche Freiheit, durch die er seine Freiheit bewusst und willentlich beschneidet um einer authentischen Geschichte der unendlichen Freiheit mit der endlichen Freiheit willen, die auf diese Weise von Gott in Stand gesetzt wird, den Unendlichen selber wirklich zu erreichen. Bliebe diese Selbstauslieferung aber nicht noch einmal umfasst von einem grundsätzlichen Selbstbehalt Gottes, so schwände jede Hoffnung auf eine end-*gültige* Erlösung der Welt. Diese durch den christlichen Glauben so nicht vollzogene Einsicht würde noch einmal radikalisiert durch eine Übernahme des Zornaffektes unter jene pathischen Affekte, die legitimerweise von Gott aussagbar wären: Ein zorniger Gott würde ja nicht nur am Geschöpf leiden, sondern er würde dieses Leiden ablehnen, ohne es beenden zu können, was nur denkbar erscheint vor dem Hintergrund der Erfahrung der eigenen Ohnmacht im Leiden. Der machtvoll das eigene Leiden Negierende bedürfte weder des Zornes noch der Rebellion: Er könnte lachen wie JHWH aus der Sicht des zweiten Psalms (Ps 2,4). Zum Aspekt des Leidens träten die Aspekte der *Ohnmacht* und der *Rebellion* hinzu, wollte man von einem göttlichen *Zornaffekt* als einer *Eigenschaft Gottes* innerhalb des Systems der klassischen Eigenschaften Gottes sprechen.

Es empfiehlt sich allerdings aus zwei Gründen, diesen Weg nicht zu beschreiten:

Das klassische System der Eigenschaften Gottes ist ein System analytischer Aussagen, die sich aus der einen fundamentalen Verhältnisbestimmung von Gott zu Welt als Schöpfer zur Schöpfung ergeben. Die mit ihm gemachten Aussagen sind allesamt *negativer Natur*, Entfaltung des Absolutheitsgedankens im Hinblick auf das von Gott abhängige nicht Absolute, Endliche. Alle Aussagen innerhalb dieser Logik korrelieren in der einen Absicht, Gott als eine von der Welt unabhängige Wirklichkeit auszusagen. Diese Aussageabsicht entspricht dem monotheistischen Impuls der biblischen Offenbarung. JHWH allein ist Gott, alle anderen Götter sind

„Nichtse". Diese Aussageabsicht entspricht aber auch dem christlichen Interesse, gegenüber einer agnostischen oder atheistischen Welt die eigene Überzeugung vom Ursprung der Welt aus der anfänglichen und fortdauernden Bejahung Gottes argumentativ zur Geltung zu bringen und als einen plausiblen Daseinsentwurf darzustellen.

Neben diesem an der objektiven Geltung interessierten theologischen Sprechen über Gott muss es noch andere Möglichkeiten der theologischen Rede über Gott geben, wenn nicht die biblisch-narrative Entfaltung der Rede von Gott theologisch zusammengestrichen werden soll auf einige wenige dünne Aussagesätze über Gott. Biblische Rede von Gott steht nicht unter dem Zwang, das Ansichsein Gottes jederzeit mitaussagen zu müssen. Biblische Rede von Gott kann der Tatsache gerecht werden, dass die Erkenntnis Gottes abhängig ist vom erkennenden Subjekt einerseits und seiner Beziehung zum erkannten Gegenstand andererseits. Beide Größen sind nicht fix und unwandelbar, ja, es gehört geradezu in die innerste Mitte der biblischen Anthropologie, dass sich der Mensch in der Beziehung zu Gott wandelt und dass sich folglich auch die Beziehung zu Gott wandelt.

Es erscheint also die Möglichkeit einer *kontextuell, existentiell und relational geprägten Gottesrede als Möglichkeit*. Diese soll nicht in den Widerspruch geraten zur klassischen Gotteslehre und ihren als notwendig abgeleiteten Eigenschaften Gottes. Die klassische Gottesrede hält den Anspruch aufrecht, dass der in der Gottesrede angezielte Gott nicht in seinem Sein abhängig ist vom Sein des ihn denkenden Subjekts, sondern dass dieser Gott eine Wirklichkeit an sich ist. Aus dem Respekt vor der klassischen Gottesrede ergibt sich eine notwendige theologische Skepsis gegenüber der Postmoderne und einer Wiedergeburt mythischer Denkformen.

3. Neuere philosophische Ansätze und der Gotteszorn

a) Postmoderne und Gotteszorn

Jean François Lyotard wendet sein Programm eines postmodernen Wissens gegen die Vorstellung, die Welt in ihrer Pluralität lasse sich in die Einheit *eines* Bewusstseins von der Welt zurückführen.[7]

---

[7] J. F. Lyotard, Das postmoderne Wissen. Ein Bericht, Wien 1986.

Diesem Anspruch war die Moderne insofern verpflichtet, als sie nach dem Zerbrechen des antiken und mittelalterlichen Kosmos eine gemeinsame, verbindliche Deutung der Welt als ganzer mit den Kategorien der Subjekthaftigkeit und der Selbstbehauptung des Menschen anzielte. Dieser Anspruch der Aufklärungsphilosophie und des Idealismus, das Partikulare und das Besondere unter Begriffe des Allgemeinen und Verbindenden heimzuholen in das verbindende Bewusstsein *einer* Menschheit, setzt sich fort in der Universalpragmatik Karl-Otto Apels und den auf Konsens abzielenden Diskursen des Jürgen Habermas.[8] In dem Versuch, die Vielheit der Weltwahrnehmungen und Deutungen aufzuheben in gemeinsamen Sinn, sieht Lyotard die Fortsetzung des vorphilosophischen Mythos.[9]

Die Welt ist in der Sicht des französischen Philosophen von irreduzibler Vielheit. Nicht ein Wort bringt sie auf den Begriff, sondern das Nebeneinander vieler Reden, die *Paralogie*, die dem Besonderen und Eigenen sein Recht lässt.[10] Die Postmoderne lenkt die Aufmerksamkeit auf das Nichtkommensurable, auf die Widerständigkeit abweichender Erfahrungen, die sich nicht ohne weiteres einpassen lassen in die großen Erzählungen, die „grand récits", die beanspruchen, den Sinn des Kosmos zu repräsentieren.

Im Kontext eines postmodernen Wissenschaftsverständnisses kann keine Philosophie oder Theologie für sich den Anspruch universaler Geltung erheben. Überträgt man dieses Wissenschafts- und Kulturverständnis auf die theologische Hermeneutik biblischer Aussagen, so ergibt sich die Möglichkeit, den biblischen Pluralismus der Rede von Gott zu akzeptieren als das Nebeneinander verschiedener Welterfahrungen, das sich fortsetzt in dem Nebeneinander verschiedenster kirchengeschichtlicher Gottesreden. Die Wahrheitsfrage wäre dispensierbar. Die Rede vom zornigen Gott wäre rehabilitierbar als *eine* Gestalt der Gotteserfahrung und der theologischen Reflexion auf Gotteserfahrung, die durch die obsiegende theologische Erzählung von einem endgültigen Heilswort Gottes zum Schweigen gebracht wurde.

Aber ein solcher später Sieg der verdrängten Rede vom zornigen Gott widerspräche den ursprünglichen, biblischen Intentionen derer, die die Rede vom Gotteszorn groß gemacht haben. Wie im ersten Teil dieses Buches dargestellt, wurde die Rede vom Gotteszorn

---

[8] Ebd., S. 96–111.
[9] Ebd., S. 13.
[10] Ebd.

in der deuteronomistischen und schriftprophetischen Tradition zum programmatischen theologischen Inhalt. Beide Traditionen aber zeichnen sich durch ausgesprochene Intoleranz aus und repräsentieren aggressiv durchsetzungswillige Sinnkonstruktionen, darin Idealen eines herrschaftsfreien und konsensorientierten Miteinanders ebenso widerstrebend wie Visionen eines paralogischen Nebeneinanders der unterschiedlichsten Weltbilder. Den Propheten und der deuteronomisch-deuteronomistischen Bewegung ging es um die Gestaltung Israels als des einen JHWH-Volkes, verbunden durch die eine Weise JHWHs und sein alle bindendes Recht.

Die Wahrheit der biblischen Botschaft vom zornigen Gott lässt sich mithin nicht für heute retten, indem man diesen Offenbarungsinhalt ein begrenztes Recht neben anderen zugestünde.

b) Mythenrenaissance und Gotteszorn

Ähnliches wie für die Postmoderne gilt für die neuerlich freundlichere Begrüßung der mythischen Denkformen durch Philosophie und Theologie. Seit Bultmanns Forderung der Notwendigkeit einer Trennung der zeitbedingten und überlebten mythischen Elemente vom reinen *Kerygma des Glaubens* war es für die christliche Theologie lange ausgemacht, dass sie mit mehr oder weniger großer Rigidität Teufel, Dämonen, Hölle und Himmel, Gotteszorn und Himmelfahrt in das Reich der Mythologie zurückzuverweisen habe. Sie habe sich zu konzentrieren auf den reinen Logos des Kerygmas von der Annahme und der Bejahung eines jeden Menschen durch Jesus Christus.[11] Heute erscheint diese am Ideal des „modernen" Weltbildes orientierte Modell um so mehr verdächtig und fragwürdig, je mehr die Denkform des Mythos ihr eigenes Recht als eine Form menschlicher Intelligenz, die grundsätzlich gleichberechtigt neben anderen steht, beansprucht und die folglich auch in der Theologie ihr Existenzrecht einklagen darf.[12] Böte sich damit nicht auch eine Chance für die Rehabilitierung der Rede vom zornigen Gott? Keineswegs! Die Zorn-Gottes-Theo-

[11] Zum Entmythologisierungsthema: I. U. Dalferth, Jenseits von Mythos und Logos. Die christologische Transformation der Theologie, Freiburg 1993, S. 133 ff.

[12] F. Beißer, Mythos. V. Systematisch-theologisch, in: TRE 23 (Berlin 1994), S. 650–661, hier: S. 615 f.

logie in ihrer spezifisch biblischen Gestalt ist in ihrem Grundansatz nicht mythologisch, sondern im Gegenteil mythosfeindlich.

Die neuere Mythosforschung erkennt vier fundamentale Eigenschaften des Mythos: (1) Mythen trennen nicht zwischen Subjekt und Objekt. Die ganze Wirklichkeit erscheint unter der Perspektive eines Einheitsbewusstseins. (2) Mythen konzentrieren sich auf wiederkehrende Abläufe und Rhythmen von beständiger Gleichheit. (3) Mythische Rationalität arbeitet mit einem zyklischen Zeitbegriff. (4) Alles innerweltliche Geschehen wird in Zusammenhang gebracht mit numinosen Prozessen.[13] Aus diesen vier Eigenschaften ergibt sich der *affirmative Charakter des Mythos*: Mythen wollen *Zustimmung zum Sein* ermöglichen.[14]

Ihren biblischen Ort haben Mythen damit naturgemäß in der Schöpfungs- und Königstheologie, mit den aus ihnen abgeleiteten Liturgien, die auf den Rhythmen des agrarischen Jahres beruhen. In einer inneren notwendigen Spannung zu dieser theologischen Traditionslinie stehen die Entwürfe der deuteronomisch-deuteronomistischen Theologien sowie der Schriftprophetie. In ihnen erscheint JHWH nicht als der Garant der regelhaften Wiederkehr des immer Gleichen, sondern als der Anwalt des geschichtlich Neuen, auf das das Volk verpflichtet wird. Der Untergang, von dem hier gesprochen wird, ist nicht der alljährliche Untergang der Natur im Rhythmus des Jahres, sondern das geschichtlich definitive Ende der gescheiterten Heilsgeschichte Gottes mit seinem Volk. Um diese geschichtlich einmalige Katastrophe abzuwenden, ist eine Bekehrung des Handelns notwendig. Im bekehrten Handeln erfährt sich der Mensch nicht als der, der immer schon den numinosen Willen vollzieht und so in unauflöslicher Einheit mit dem Kosmos und der Gottheit lebt, sondern er erfährt sich als der individuell Verantwortliche, der angesichts des Nächsten und der Gemeinschaft des Volkes das Gemeinschaftsfördernde zu suchen und zu tun hat. Der Mensch erfährt sich im Kontext der deuteronomisch-deuteronomistischen Verkündigung und der Schriftprophetie als der andere gegenüber Gott. Gott ist nicht eins mit dem Menschen, sondern tritt ihm gebietend und drohend entgegen. Der Mensch erfährt sich als der andere des Nächsten, mit dem er nicht immer schon in einer geheimnishaften Weise ganzheitlich verbunden ist, sondern den in seinem An-

---

[13] K. Hübner, Mythos. I. Philosophisch, in: TRE 23 (Berlin 1994), S. 597–608, hier: S. 599–601.

[14] I. U. Dalferth, a. a. O., S. 40–45.

derssein zu fördern und zu bejahen der Einzelne aufgerufen ist. Verbunden ist diese neue Programmatik mit einer rabiaten *Entgöttlichung der Welt*: Der Kampf um soziale Gerechtigkeit bei den Propheten, um das *Ethos der Brüderlichkeit* im Deuteronomismus ist unlösbar verbunden mit dem Kampf gegen die Vergöttlichung der Welt. Berge, Bäume, Sterne, menschliche und tierische Fruchtbarkeit wurden in Kanaa als numinose Größen verehrt. Mit nie gekannter Wucht stemmen sich ausgerechnet jene Bewegungen gegen diese religiösen Praktiken, die den Zorn Gottes zu einer leitenden theologischen Idee erheben.

Die neuerlich freundlichere Mythenrezeption kann höchstens *ex negativo* einen hermeneutischen Schlüssel für eine positive theologische Rezeption des biblischen Zorn-Gottes-Theologoumenons abgeben, weil dieses Zorn-Gottes-Denken selber dem mythischen Denken diametral entgegenläuft.

4. Neuere theologische Hermeneutik und Gotteszorn

a) Theologische Metapherntheorie

Die klassische Metapherntheologie entstammt der Rhetorik. Sie sieht das Sprachbild als eine *uneigentliche Ausdrucksweise*, bei der der geradlinige, eigentliche Ausdruck, der die Sache wie einen Namen bezeichnet, ersetzt wird durch einen Ausdruck, der eine Sache bezeichnet, die zur eigentlich gemeinten in einem *Abbild- oder Ähnlichkeitsverhältnis* steht.

Vom Zorn Gottes zu sprechen ist für Thomas von Aquin auf der Grundlage der klassischen Metapherntheorie eine Metapher: Gottes Verhalten wird mit einem Begriff bezeichnet, der normalerweise gebraucht wird zur Bezeichnung von affekthaft negativ erregten Menschen, die zu aggressivem bis gewalttätigem Verhalten neigen. Es handelt sich also um einen sprachlichen Übertragungsprozess, bei dem der Hörer eine Deutungsleistung vollziehen muss: Er muss erkennen, welche Dimensionen des metaphorisch verwandten Begriffes legitimer- und damit gewollter Weise von dem ursprünglich Gemeinten ausgesagt werden können und welche Dimensionen des im übertragenen Sinne gebrauchten Begriffes für das metaphorische Verständnis auszuschließen sind. Für Thomas bedeutet das in Bezug auf den Zorn Gottes, dass alles auszuschließen ist, was im Begriff des Zornes psychologische Wirklichkeit bezeichnet. Gott erleidet keine Erregung. Wohl aber straft, rächt und vergilt Gott, damit Wirkungen erzeugend, die auch ein legitimerweise Zürnender erzeugen kann. Die Zornmetapher ist also nach Thomas so zu deuten, dass Gott zürnt, *insofern* mit dem Begriff Zorn Strafe, Rache und Gericht gemeint sind, nicht jedoch insofern der Begriff emotionale Bewegung und pathische Emotionalität impliziert.[15]

Die klassische Metapherntheorie versteht Sprache primär vom Phänomen des Begriffes her, Begriffe wiederum sind ihr Realien. Ihre Deutungsleistung zielt auf wahre Sätze über Gegenstände. Hierin aber liegt ein grundsätzliches theologisches Problem, weil Gott auch einer gereinigten, um Sachgerechtigkeit bemühten Sprache nicht als realienhafte Realität gegeben ist. Auch wenn der Begriff des Zornes im theologisch-hermeneutischen Deutungsprozess gereinigt und auf den Begriff des Gerichtes reduziert wird, so handelt es sich beim Gerichtsbegriff ja wiederum um eine ebenfalls klärungsbedürftige Metapher. Verfolgt man bei diesem Klärungsprozess den Weg der klassischen Metaphernanalyse mit dem Ziel, die Aussage der Metapher als Aussage über eine sachhafte Realität zu übersetzen, so muss am Ende anerkannt werden, dass sich Gott als Referenzgröße metaphorischer Aussagen in seinem Sosein in die Unzugänglichkeit seiner Geheimnishaftigkeit entzieht. Wenn man diese theologische Überzeugung in der klassischen Formulierung des 4. Laterankonzils[16] akzeptiert, dann steht am Ende der Bemühung um eine gegenstandsgemäße Übersetzung der Metapher immer die Einsicht in die letzte Inadäquatheit jeder Aussage über Gott.

Neuere linguistische Metapherntheorien lösen sich von dem Realitätsideal der klassischen Metapherntheorie. Sie begreifen die Metapher nicht als Begriffsphänomen, sondern als *Texteigenschaft*. Texte wiederum sind keine objektiven Gegenstände und keine ausschließlich vom Verfasser verantworteten Aussagen, sondern Sinnereignisse, die sich im Moment der verstehenden Textrezeption im Rezipienten ereignen. In diesem Modellkontext ist die Metapher eine *kognitive Provokation des Textrezipienten*: Ihm wird eine ungewöhnliche, unübliche Wortverbindung zugemutet, die ihn zwingt, kreative Überlegungen darüber anzustellen, wie er diese Wortverbindung sinnvollerweise verstehen kann.[17]

---

[15] Sth I, q. 19, a. 11.
[16] DH 806.
[17] I. U. Dalferth, Religiöse Rede von Gott, München 1981, S. 220–226.

So verstandene Metaphorik lässt sich nicht in Klartext übersetzen, sie fordert vom Metaphernproduzenten ebenso wie vom Rezipienten das kognitive und emotionale Engagement einer Verstehensleistung, die nicht irrational ist, die aber auch nicht auf die reinen Begriffe eines abstrakten Rationalismus reduziert werden kann. Dieser Verstehensprozess ist mehr als bloßes Erzählen, zugleich aber anderes als Analyse und Begriffssystematik. Er involviert das Subjekt als Ganzes mit seiner Lebensgeschichte, die den Hintergrund bildet für seine bildhafte Verstehensleistung. Mit der Lebensgeschichte aber ist theologisch immer auch die dramatische Geschichte eines Menschen im Spannungsfeld zwischen Gottes Rechtfertigungs- und Heiligungshandeln einerseits und der Widerständigkeit menschlicher Dummheit, Schwäche und Sünde andererseits impliziert. Die Dramatik des Lebensweges zwischen Schuld und Erlösung spiegelt sich in der Verstehensleistung des Subjektes gegenüber den Gottesmetaphern der Bibel und der theologischen Rede. Sie spiegelt sich aber auch in der Metaphernproduktion.

Begreift man Metaphernproduktion und Metaphernrezeption einerseits als zentrale Leistungen der Theologie und andererseits als Ausdruck der emotionalen, geistigen, religiösen, heilsgeschichtlichen Situation des metaphernerzeugenden und des metaphernrezipierenden Subjektes, dann ist der sichere Raum fraglos konsensfähiger Rationalität verlassen. Der Gewinn dieses Exodus ist groß: Die Theologie versetzt sich durch ihn in die Lage, endlich ihre eigenste Sache, die Heilsgeschichte Gottes mit den Menschen, inhaltlich zu thematisieren. Der Preis, der dafür zu zahlen ist, ist allerdings nicht gering: Begibt sich Theologie als Metaphernlogik, die Metaphern als subjektive Verstehensleistungen im heilsgeschichtlichen Raum zwischen Sünde und Gnade begreift, nicht in das Abseits jeder allgemein verständlichen und im Rahmen der Universität akzeptierbaren Wissenschaft?

Wer diese Befürchtung hegt, ignoriert, dass die Wissenschaft insgesamt im zwanzigsten Jahrhundert eine Abkehrbewegung vom Ideal der universalen Objektivität ihrer Aussagen vollzogen hat. Wo wissenschaftliche Aussagen wirklich die relevanten Lebensvollzüge der Menschen erreichen sollen, müssen sie den Bereich des fraglos Allgemeingültigen übersteigen. Darin entsprechen die Wissenschaften der irreduziblen Pluralität moderner Gesellschaften.

b) Soziologische und fundamentaltheologische Modellvorstellungen
und die Rede vom Zorn Gottes

Der Gang der Überlegungen zur theologischen Metapherntheorie hat bis an den Rand der Auflösung wissenschaftlicher Objektivität in subjektive und intersubjektive Auslegungsprozesse der Lebensgeschichte geführt. Zwei weitgehend antipodische soziologische Theoriesysteme deuten diese Situation der Intersubjektivität.

Niklas Luhmann interpretiert moderne Gesellschaften als Konglomerate sich selbst (wieder-)erzeugender (*autopoietischer*) Systeme, zu denen auch das System der christlichen Religion gehört. Systeme leben aus ihren eigenen immanenten Evidenzen, die innerhalb des Systems erzeugt, bestätigt, differenziert und erneuert werden. Eine systemübergreifende oder integrierende Logik halten moderne, funktional differenzierte Gesellschaften nicht mehr bereit. Lediglich die Massenmedien erzeugen die Fiktion gemeinsamer, alle verbindender Geltung.[18]

Mit der Affirmation dieser *Systemtheorie der Religion* wäre eine Wiederbelebung der biblischen Bildrede vom zornigen Gott denkbar. Innerhalb der Glaubensentwicklung eines Menschen, soziologisch gesprochen im Prozess seiner Systemintegration, kann dem Metaphernkomplex vom zornigen Gott eine Relevanz zugesprochen werden. Innerhalb des autopoietischen Systems des Christentums hätte ein bestimmter Typ metaphorischer Rede einen Sinn, der sich aber nicht nach außen vermitteln ließe. Die Aufgabe der Vermittelbarkeit des universalen Geltungsanspruches des Christentums entspräche einer rabiaten Auflösung des Relevanz-Identitäts-Dilemmas zugunsten der Identität: Christen könnten den ganzen Reichtum ihrer Tradition ausschöpfen, ohne sich immer zugleich schon die Frage zu stellen, wie anstößig Glaubensinhalte auf Nichtgläubige wirken.

Größerer Optimismus hinsichtlich der Vermittelbarkeit theologischer Rede entsteht im Einflussbereich einer universalen Kommunikationstheorie[19] als Basismodell moderner Gesellschaften. Das

---

[18] N. Luhmann, Die Religion der Gesellschaft, Frankfurt 2000, S. 299.

[19] Der Ansatz einer universalen Kommunikationsgemeinschaft von Jürgen Habermas (besonders: ders., Theorie kommunikativen Handelns, Frankfurt ²1988) hat theologischerseits großes Interesse erregt, wovon der Sammelband „Habermas und die Theologie. Beiträge zur theologischen Rezeption, Diskussion und Kritik der Theorie kommunikativen Handelns", hrsg. v. E. Arens (Düsseldorf 1989), Zeugnis gibt.

Modell begreift ganz in der Tradition der Moderne die Zukunft der Menschheit als eine der Menschheit gemeinsam gestellte Aufgabe. Der Verständigung der Menschen über die gemeinsame Gestaltung der Welt und des menschlichen Lebens kommt die entscheidende normbegründende und sinngebende Funktion menschlicher Gesellschaften zu. Kommunikation wird als Partizipation an dieser gemeinsamen Gestaltungsaufgabe und somit als weltveränderndes Handeln verstanden. Die Gemeinsamkeit des Handelns ergibt sich als Notwendigkeit unausweichlich aus der Gemeinsamkeit der Aufgaben, die wiederum die Folge der der Menschheit zugewachsenen Möglichkeiten ist. In diesem so aufgerichteten universalen Handlungskontext sind Christen eingeladen, *ihre Evidenzen und Überzeugungen in eine vernünftige Verständigung aller einzubringen.* Es lässt sich also eine gewisse Parallelität erkennen zwischen der Handlungssituation heutiger Christen und der Situation der Propagandisten des zornigen Gottes im biblischen Israel. Propheten und deuteronomisch-deuteronomistische Bewegung vertraten einen zugespitzten Begriff der Einheit des Volkes als einer Überzeugungsgemeinschaft. Die Zorn-Gottes-Theologie stand als *Form politisch-theologischer Rede* im Dienst dieser Programmatik. Sie beinhaltete zugleich einen Gestaltungsanspruch hinsichtlich der einen Gesellschaft Israels. Allerdings ist die Schwierigkeit nicht zu unterschätzen, dass die öffentlichen Diskurse in modernen Gesellschaften für göttlichen Einspruch nach dem Muster der prophetischen Rede keine Verstehensgrundlage bereithalten. Eine solche wäre nur dadurch zu erzeugen, dass Christen einerseits den Begriff kommunikativer und nicht bloß strategisch-technisch-instrumenteller Rationalität radikal ernst nehmen und einklagen, dass im öffentlichen Diskurs nicht ignoriert und verdrängt werden darf, was für die eigene Identität konstitutiv ist. Andererseits müsste eine geistige Situation innerhalb der Kirchen gegeben sein, die es erlaubt, dass biblische Inhalte nicht minimalistisch auf einen unkritischen Modernebegriff hin ausgelegt werden, sondern dass Menschen innerhalb der Kirchen die Möglichkeit erhalten, sich vom biblischen Wort in ihrem Selbstverständnis formen zu lassen, um dann als solchermaßen geprägte Menschen selbstbewusst und kommunikativ in öffentliche Diskurse einzutreten.

Mit Recht hat Jürgen Habermas in der theologischen Rezeption mehr zustimmende Aufnahme erfahren als Niklas Luhmann. Die Ursprungsintuition des Christentums ist die paulinische Entdeckung der entgrenzten Geltung der jesuanischen Basileia-Predigt. Das

Selbsterhaltungsprogramm eines autopoietischen Systems kann mithin kein schriftgemäßes Programm für das Christentum der Zukunft sein.

Allerdings bedürfen die kommunikativen Subjekte, die innerhalb der Weltgesellschaft die Geltung der biblischen Wahrheit aufrechterhalten, mit ihrem eigenen gelebten Glaubenszeugnis der Chance, den Glauben zu entwickeln, der dieses Zeugnis tragen kann.

c) Biblische Mystagogie

Der Begriff der Mystagogie entspricht der Tatsache, dass christlicher Glaube zwar die allgemeine Rationalität seiner Grundannahmen nach außen plausibel machen kann, dass jedoch die Evidenzen dessen, was christliche Existenz zuinnerst bewegt, zwar ebenfalls nach außen *bezeugt* werden können, nicht jedoch in der Weise einer unwiderstehlichen Argumentation. Zuinnerst bewegt wird christliche Existenz durch ihr Berührtsein von der personal und relational begegnenden Wirklichkeit Gottes, die aber in der Fülle ihres Ganzanders-Seins nicht aussagbar ist in den Konnotationen und Selbstverständlichkeiten einer neutralen Sprachwelt.

Nach den metapherntheoretischen Ausführungen in diesem Kapitel setzt Metaphernverständnis immer eine Beziehung zwischen dem Text und dem Rezipienten voraus. In diese Beziehung bringt sich der Rezipient mit seinen Erfahrungen ein, mit seinem Vorverständnis. Die Metapher aber provoziert ihn notwendig, sonst wäre sie keine funktionierende Metapher, sondern ein abgedroschener Gemeinplatz, ein Topos von bloß rhetorischer Funktion. Provokation zu gedanklicher Bewegung aber ist immer auch *Provokation zu existentieller Wandlung und deren Ermöglichung*. Ein Prozess des Metaphernverstehens verwandelt den Rezipienten und seine Selbstverständlichkeiten.

Christliche Existenz wird schon in patristischer Zeit und im gesamten Mittelalter als *Wachstumsprozess* gedeutet. In der katholischen Theologie gab es in der kirchlichen Alltagssprache noch bis zur Mitte des zwanzigsten Jahrhunderts den Brauch, Glaubensinhalte als „Geheimnis" zu bezeichnen und damit der Tatsache zu entsprechen, dass sich die Wahrheit des christlichen Glaubens nur erschließt, wenn der Hörer sich in einen *existentiellen Prozess der Wandlung* auf die ihm zugesprochene Wahrheit hin begibt. Der Begriff des Geheimnisses knüpft die Wahrheit des Zugesagten an die existentielle Bewegung des Hörers.

Mystagogie heißt seit patristischer Zeit die existentielle Einführung in den christlichen Glauben. Verknüpft man die traditionellen christlichen Überlegungen zum Glaubens- und Gnadenwachstum mit den metapherntheoretischen Überlegungen, wird eine Erfahrung metatheoretisch beschreibbar, die zum Kern der reformatorischen Identität gehört: Existentielle Wandlung des Menschen hin zum gläubigen Menschen ist ein Werk des biblischen Textes: Der biblische Text ist das entscheidende Medium, das Gottes Gnade vermittelt.

5. Die Bibel als das entscheidende gnadenmittelnde Medium

Der Sinn der Bibel ergibt sich nach dem in den vorhergehenden Absätzen Ausgeführten nicht als *sensus litteralis*, sondern auf der Ebene der Metaphorik, die allerdings nicht als uneigentliche Rede missverstanden werden darf, sondern zu verstehen ist als *kognitive Provokation des Rezipienten*, die Kreise seiner Selbstverständlichkeiten zu verlassen und sich der fremden Sinnwelt zu stellen, die ihm im Text fremd und verheißungsvoll gegenübertritt.

Das hier skizzierte Bibelverständnis darf nicht verwechselt werden mit einem Plädoyer für eine andächtige Bibelmeditation, die sich auf einen zuvor abgesteckten Bereich der existentiellen Fragen bezieht. Fragen, die die menschliche Existenz betreffen, können hinsichtlich ihrer Reichweite nicht zuvor eingegrenzt werden. Aus dem hier zugrunde gelegten Verständnis von Existentialität sind Politik und Ökonomie ebenso wenig ausschließbar wie sie von den biblischen Autoren ausgeschlossen werden. Das Theologoumenon vom Zorne Gottes ist *die* Metapher der politischen Relevanz des JHWH-Glaubens. Wo diese Metapher verteidigt wird, wird die politische Dimension des Glaubens verteidigt, allerdings als Dimension des biblischen Glaubens und nicht zuvorderst als dem Glauben angehängte Sozialethik.

In der Tradition dogmatischer Theologie zielte der Umgang mit der Bibel seit der Scholastik darauf, unklare, vieldeutige biblische Texte in eindeutige und klare Aussagen zu übersetzen. Im Interesse des Bezeugens und Bekennens christlichen Glaubens in einer überschaubaren Welt war dieser Prozess legitim. Allerdings war es immer auch ein gefährlicher Prozess, der zu gewaltsamen Verkürzungen des biblischen Textes und zur Gewalt gegen abweichende Textausleger führte. Am Ende des zwanzigsten Jahrhunderts ist die

Bibel als Quellbuch wahrer Aussagen über natürliche und über-
natürliche Sachverhalte in einer prekären Lage: Die historisch-kriti-
sche Exegese und das naturwissenschaftliche Weltbild zwangen zu
theologischen Rückzugsgefechten. In dem bedeutendsten theologischen Entwurf, den die katholische Theologie des zwanzigsten Jahrhunderts hervorgebracht hat, wird der Begriff des Geheimnisses
zum Schlüsselbegriff: Gott ist das absolute Geheimnis und seine Geschichte mit dem Menschen ist eine Geschichte des Geheimnisses.
Für Karl Rahner aber ist der Begriff des Geheimnisses keine billige
Rettung, auf die er sich zurückzöge, weil ihm die Selbstverständlichkeiten des biblischen Gottesdenkens zunehmend zerstört worden
wären. Für Rahner bezeichnet „Geheimnis" nicht den unerkannten
Rest, das theologische Reservat, in dem der Theologe seine ungleichzeitigen Ideen ansiedeln könnte.

Geheimnis ist vielmehr ein eminent praktischer, politischer und
existentieller Begriff. Der Begriff des Geheimnisses bezeichnet für
den Menschen die *Notwendigkeit, sich zu wandeln.* Die Wirklichkeit
des Geheimnisses bezeichnet die Möglichkeitsbedingungen einer
wirklich heilshaften Wandlung, die mehr ist als nur strategisches
Sichverhalten in der Welt.

Deutet man das Geheimnis im Sinne Rahners als lebendige, zu
lebensvoller geistiger, tätiger, praktischer und politischer Bewegung
auffordernde Wirklichkeit, dann ergeben sich Chancen für die Deutung der Bibel. Die Bibel kann dann als Wort Gottes gerade deshalb
gedeutet werden, weil sie eine verwirrende Fülle zum Teil wider-
sprüchlicher und metaphorisch vieldeutiger Texte enthält, die alle
für sich in Anspruch nehmen, *Niederschlag einer Begegnungsgeschichte von Menschen mit dem Gottgeheimnis* zu sein. Wort Gottes
ist die so verstandene Bibel, weil sich in der Selbstkonfrontation mit
den fremden Lebensgeschichten und der Vieldeutigkeit ihres meta-
phorischen Ausdrucks die Chance einer Irritation und einer Korrek-
tur der eigenen Lebensgeschichte hin auf die Wirklichkeit Gottes
erschließt. Der Text übernimmt dabei als metaphorischer Text die
aktive Rolle. Nicht der Leser entnimmt einen Sinn, um sich hernach
praktisch auf den Sinn auszurichten. Vielmehr zieht der provozie-
rende, fremde Text den Leser in ungeahnte Bedeutungswelten, die
ihn verändern. Der Text ist Medium einer Gnade, die wirklich zu-
vorkommt und sittliches und erkennendes Handeln ermöglicht.

Diese Sichtweise des biblischen Textes bedeutet in der Tat eine
Rehabilitation der contemplatio, also eines nicht immer schon analy-
tischen Umganges mit dem Text. Aber diese contemplatio braucht

die historischen Kenntnisse der biblischen Wissenschaften ebenso
wenig zu scheuen wie die begriffliche Schärfe der systematischen
Disziplinen. Christlicher Glaube ist Verehrung des Geheimnisses,
aber kein Obskurantismus. Der Mensch, der sich in der Beziehung
auf Gott hin verwandelt erfährt, kann die mit ihm geschehenen Ver-
wandlungen sehr wohl reflektieren und auch gegenüber seiner Vernunft als sinnvoll und verantwortbar darstellen. Der Theologie als
Wissenschaft im Prozess der Begegnung des Christen mit der Bibel
kommt die Funktion einer begleitenden Metatheorie zu.

6. Die hermeneutische Funktion des Konzepts einer dramatischen Theologie nach Raymund Schwager

Raymund Schwager beschreibt biblische Produktions- und Re-
zeptionsprozesse als Lern- und Verwandlungsgeschichten von Menschen im Kraftfeld der Gotteserfahrung (vgl. Anm. 41). Besondere
Aufmerksamkeit widmet Schwager dem menschlichen Phänomen
der Gewalt. In Anlehnung an René Girard deutet Schwager Gewalt
als ein universales menschheitsgeschichtliches Verhängnis: Gerade
als der auf die Transzendenz Gottes hin eröffnete ist der Mensch das
unbestimmte Wesen, das sich selbst zum Rätsel und zur Aufgabe
wird. Diese Unbestimmtheit wird dem Menschen in Wechselwir-
kung mit der Verwiesenheit des Menschen auf den Mitmenschen
zum Verhängnis. Der Mensch glaubt, dem anderen gelänge, was er
als den dauernden Mangel seiner Existenz empfindet: die Ausfül-
lung des grenzenlosen Horizontes eigenen Fragens, eigner Selbst-
bestimmung und eigener Sehnsucht. So wird der andere zum *„feindlichen Doppelgänger"*[20], zur dauernden Provokation, zum Objekt
eines irrationalen Neides, der in Gewalt umschlägt. Da Gewalt in
allen menschlichen Gesellschaften über den Mechanismus der Rache
immer Gegengewalt und deren *Eskalation ins Unkontrollierbare*
hinein erzeugt, können menschliche Gesellschaften nur überleben,
wo es ihnen gelingt, eine Technik der kulturellen Beherrschung von
Gewalt zu erzeugen. Diese Technik der kulturellen Beherrschung
von Gewalt ist das eigene Feld des Religiösen. Sein Medium ist die
öffentlich zelebrierte Tötungsgewalt, die die aggressiven Impulse in
einer Gesellschaft für eine Zeit zu sedieren vermag.
        Girard deutet auch die alttestamentlichen Opfer als Formen der

---

[20] R. Girard, Das Heilige und die Gewalt, Zürich 1987, S. 211 ff.

gesellschaftlichen Gewaltökonomie.[21] Wo nun mit den Propheten eine Kritik der Opferlogik betrieben wird, geht diese einher mit einer Bewusstmachung der Gewaltgeprägtheit aller menschlichen Verhältnisse. In diesem Kontext erscheint auch JHWH selbst als gewalttätig.

Mit diesem prophetischen Gottesbild eines gewalttätigen, zornigen JHWH beginnt der Verkündigungsweg Jesu. Mit seiner Verkündigung eines unmittelbar helfenden und heilenden Gottes durchbricht Jesus die Funktionszuschreibung, die innerhalb der Opferlogik mit dem Gottesgedanken verknüpft wird. Gott erscheint gerade nicht als der Stabilisator eines Status quo, sondern als dessen Überwinder. Seine Parteinahme für die Armen und gesellschaftlich Marginalisierten gefährdet eine auf Stabilisierung der herrschenden Zustände finalisierte Opferreligion und deren religiös-theologische Legitimierungen. Sie treibt Jesus gar in den offenen, aggressionsgeprägten Konflikt mit den gesellschaftlichen Symbolen und Exponenten des Tempelkultes.

In diesem Konflikt der richtenden Auseinandersetzung des Gottesboten mit der vermeintlich göttlichen Ordnung kehrt sich die Aggression um: Der Prophet wird zum Opfer der Gewalt und setzt ihr die Drohung göttlicher Gewalt entgegen.

Auf dem Höhepunkt dieser Auseinandersetzung aber findet eine paradoxe Verkehrung des angekündigten göttlichen Gerichts statt. Es ist nicht die machtvoll sich durchsetzende göttliche Rache, sondern der freiwillig angenommene Tod des Boten, der statt der Potenzierung der Gewalt das Vertrauen auf Gott im Erleiden der Gewalt wählt. So erscheint Jesus wirklich als der *ebed* (Knecht) *JHWHs*, der sich nach dem Vorbild der Gottesknechtlieder das Ohr wecken ließ (Jes 50,4f.), um von Gott eine Inspiration zu empfangen, die ihn veranlasste, ohne Gegenwehr den Rücken hinzuhalten für die Schläge der anderen, das Gesicht ihrem grausamen Spott (Jes 50,6), der zu der Gewissheit gelangte, dass der Untergang durch die Gewalt der anderen nicht das letzte Wort über ein Menschenleben sein wird (Jes 50,7), dass Gottes Lebensmacht stärker sein wird als alle Vernichtungslogik menschlicher Gewalttätigkeit. So wurde Jesus auf dem Höhepunkt seines gewaltsamen Konfliktes, der die Konsequenz seiner Sendung war, zum Offenbarer der Gewaltlosigkeit als des Weges, auf dem Gott seinen Sieg durchsetzt. Wie der *ebed* des vierten Gottesknechtliedes wurde Jesus so zum Ver-

---

[21] Ebd., S. 9–23.

mittler des Heils als einer heilsamen Erfahrung des Andersseins Gottes (Jes 53,4f.), das als solches heilt, weil es das Anderssein der Lebensmacht Gottes ist (Jes 53,10–12).

Dieses letzte Wort des Lebens aber musste von Gott gesprochen werden. Durch die Auferweckung entreißt Gott seinen Knecht der Absurdität eines ethisch hochrangigen, aber durch das Leben widerlegten Programms. Als der Auferstandene grüßt Jesus die Jünger mit dem Friedensgruß (Lk 24,36; Joh 20,19.21.26) und verheißt ihnen die Geistsendung: Aus der überlegenen Lebensmacht Gottes heraus ist das Wort an die anderen kein Wort der Drohung oder der Rache, sondern ein Wort umfassender Versöhnung. Gott nimmt die Jünger Jesu in das Schicksal des *ebed* mit hinein.

Schwager rekonstruiert die Jesusoffenbarung als die Selbstmitteilung des unbedingt gewaltlosen und zur Gewaltlosigkeit inspirierenden Gottes, der das Heil aller Menschen will. Diese Offenbarung allerdings kann im Denken Schwagers nicht als das festzuhaltende, sachhafte Ergebnis einer göttlichen Mitteilung vom Prozess der personal-biographischen Selbstmitteilung in der Lebensgeschichte Jesu abgelöst werden. Es lässt sich nicht als *theo*-logische Aussage über Gott formulieren, ohne dass die Geschichte, in der diese Aussage entstanden ist, miterzählt wird.

Im Feld der biblischen Offenbarung Gottes, im Bereich der *sacra theologia*, gibt es überhaupt nicht die Möglichkeit einer neutralen sachhaften Rede über Gott wie über einen Gegenstand beliebiger Wissenschaften. Die Erkenntnisse einer Offenbarungstheologie werden immer im Bereich des Angesprochenseins durch den sich offenbarenden Gott gewonnen. Dieser Bereich aber ist zwangsläufig nicht objektivierbar, sondern bleibt subjektiv bestimmt, insofern das Subjekt, das Theologie formuliert, mit seinem eigenen Sein ganz von Gott angesprochen und so mit seiner ganzen Biographie in den Prozess der theologischen Aussagebildung eingebunden ist. Dieser Eingebundenheit des Subjektes entspricht eine notwendig narrative Struktur der Theologie, in der Erfahrungsgeschichten erzählt werden, in die das nacherzählend Theologie treibende Subjekt seine eigene Erfahrungsgeschichte hinein interpretieren kann.

Schwager übersteigt jedoch das Konzept einer narrativen Theologie noch einmal: Reine Narrativität kennt keine Entwicklung. Sie reiht Erlebnis an Erlebnis, Erfahrung an Erfahrung. So erweist sie ihre Offenheit für neue Erfahrungen. So aber gelangt sie nicht zu letzten Verbindlichkeiten. Eine solche sieht Raymund Schwager in der Erfahrungs- und Lebensgeschichte Jesu, in der Jesus sich durch

Gott hat inspirieren lassen zum Zorn, zum Widerstand und zur Ergebung, um durch Gott eine überbietende Bestätigung zu erfahren. Die dramatische Geschichte Jesu, die Entwicklung, aber auch Krise und Überbietung der Entwicklung einschließt, wird für Schwager zum Paradigma jeder christlichen Glaubensentwicklung.

Damit ergibt sich, dass die Vorstellung vom zornigen Gott ein notwendiges Moment an der Glaubensentwicklung eines Christen ist, das allerdings aufgehoben werden muss im hegelschen Sinn. Der Zorn Gottes muss überwunden werden im Angesicht des Heiles Gottes. Wer aber vom Heil Gottes spricht, ohne den Zorn Gottes wahrgenommen zu haben, der steht in der Gefahr, einem Gott das Wort zu reden, der nicht der christliche ist, dessen Heilsbotschaft steht in der Gefahr, der Heilsbotschaft jener Propheten zu gleichen, mit denen Jeremia zu konkurrieren hatte. Was Heil ist, definiert sich nur von Gott her, nicht von menschlichen Heilserwartungen. Wer aber Gott ist, definiert sich nur in der Heilsgeschichte der Selbstvermittlung Gottes, die je neu in einer Heilsgeschichte der gnadengetragenen Glaubensgeschichte des einzelnen Menschen rezipiert werden muss.

In diesem Kontext kann also vom Heil nur auf dem Hintergrund des göttlichen Zornes gesprochen werden.

7. Theologische Abwehrbewegungen gegen den biblischen Gotteszorn

a) Theologie und Psychologie im Kontext des zornigen Gottes

Die christliche Gottesverkündigung kann noch in jener Entstellung, die ihrer Instrumentalisierung als Herrschaftsmittel entspricht, die Befreiung ermöglichen von jener Herrschaft, die das Gottesbild eigentlich zementieren sollte. Wer im Interesse der eigenen Macht als Erzieher, als Autorität, als politischer Machthaber auf die Hilfe des christlich-jüdischen Gottes der Bibel zurückgreift, der holt sich zugleich mit dieser Hilfe die Negation der eigenen Macht ins Haus. Der biblische Gott ist als der absolut Transzendente, alles Umfassende nicht nur der mächtigste Helfer, sondern die Negation jeder anderen Macht neben ihm. Dazu kommt, dass die preisende Steigerung der Macht Gottes in der Bibel nicht zu einer theoretischen Allmacht führt. Der Gott der Bibel ist nicht ein Gott, der im Sinne der Omni*potenz potentiell* alles *kann* und vor dem der Gläubige flehend und ratlos steht mit der Frage, warum der, der doch alles kann, denn das Wünschenswerte nicht will und sich auch nicht zu wollen bewegen lässt. Der biblische Begriff der Macht Gottes leitet sich nicht aus der Denkbarkeit jeder möglichen Veränderung ab, sondern aus der *Erfahrbarkeit wirklicher Veränderung* da, wo diese nicht erwartbar war: Die Botschaft von den frei ziehenden Sklaven, deren Hände loskamen vom Lastkorb (Ps 81,7) und deren Mund mit Lachen gefüllt war (Ps 126,2), ist der biblische Bezugspunkt der theologischen Rede von der Allmacht Gottes. Sie setzt sich individuell fort im Jubel der gebärenden Unfruchtbaren (1 Sam 2,5) und gipfelt in dem neuen Leben des ermordeten Gottesboten (Apg 2,22–24). Gottes Macht erweist sich biblisch gerade dadurch als die Macht Gottes, dass sie die Selbstverständlichkeiten der Potentaten zu durchbrechen vermag. Das theoretische Überboten- und Umfangensein aller *„Mächte und Gewalten"* (Röm 8,38) durch die Macht Gottes ist biblisch so keine hypothetische Wirklichkeit, sondern erfahrbarer Index der *Wirk*-lichkeit Gottes in der Welt.

Etwas von der Grundsituation christlicher Gottesrede spiegelt sich in den psychologischen Ansätzen, die in diesem Abschnitt kurz berührt werden sollen: Christen erfahren in ihrer Erziehung einen schrecklichen Gott, der von den Erziehern instrumentalisiert wird. Sie erleben Gott als unerbittlichen Richter, als willkürlichen Herrscher, als kleinkarierten Buchhalter über menschliche Schwächen, als grausamen Herrn des Todes. Dennoch gelingt irgendwann der Durchbruch zu der Erkenntnis: In diesen Erfahrungen spiegelt sich nicht die *Wirk*-lichkeit Gottes, sondern das Wirken dämonischer Mächte. In diesen Erfahrungen wachsen Familienstrukturen und gesellschaftliche Ideologien zu einer zerstörerischen Übergröße gegenüber dem Subjekt heran. Die Erfahrung, dass diese Exponenten nicht Gott sind, sondern nur „Mächte und Gewalten", bedeutet nicht alleine, dass diese depravierenden und zerstörenden Größen im Leben eines Menschen ihre göttliche Legitimation verlieren. Zugleich geht mit dieser Erfahrung die Verheißung einher, dass der *wirk*-liche Gott Beistand gewährt im Kampf gegen die Menschsein verhindernden Ideologien, Ängste, Einschüchterungen und Neurosen. Gott *wirkt*, indem er die Kritik dieser Mächte ermöglicht und trägt. So erweist er wie in biblischen Zeiten seine Macht und führt Menschen aus den Sphären der Gewalt und der Einschüchterung in die Freiheit ihres selbst gewagten Lebens.

Die fundamentale Heilungserfahrung kommt mit dem angenommenen Wort: Du, Mensch in deiner Unvollkommenheit, bist mein geliebtes Kind. Ich werde dich niemals aufgeben. Wo diese Erfahrung gemacht wird, da wird sie zum Grund einer personalen Integrität, die alle Ideologien, Einschüchterungen und Bedrohungen abwehrt (Ps 118,10). Es ist richtig, diese Botschaft als die Mitte der Heilszusage Jesu an die Menschen zu deuten, insbesondere ist es richtig, sie als seine Botschaft an die Kranken, Alleingelassenen und Eingeschüchterten zu sehen: Ihnen gilt Jesu Wort: „Steh auf, nimm deine Bahre und geh!" (Joh 5,8.11 f.).

Allerdings ist es höchst fragwürdig, wenn diese Grundeinsicht in eine negativ-selektive Hermeneutik am biblischen Text übersetzt wird. Ein solches Verfahren kennzeichnet die Deutungen von Hanna Wolff[22], Franz Alt[23], Helmut Jaschke[24]. Insbesondere Jesus gilt den Autoren als der Offenbarer des helfenden, beistehenden Gottes. Der zornige Gott ist in dieser Interpretationstradition zwangsläufig ein neurotisierender Götze, der im Namen des Gottes Jesu überwunden werden muss. Die so skizzierte Frontlinie wird bei Hanna Wolff identifiziert mit der älteren, fast schon sprichwörtlichen „Frontlinie", die angeblich verläuft zwischen dem Liebesgott Jesu und dem Zornesgott alttestamentlicher Gesetzesfrömmigkeit und Rachegläubigkeit. Jesu Gott sei eben nicht der Gott Abrahams, Isaaks und Jakobs, sondern der Mittler einer ganz neuen Gotteserfahrung.[25] Alles, was am Neuen Testament nicht jesuanisch im skizzierten Sinn ist, wird als jüdischer Atavismus der neutestamentlichen Schriftsteller ausgeschieden.[26]

Gegen eine Theologie, die Gottes absolute Liebe zu jedem Menschen dadurch meint wirksam werden zu lassen, dass sie das Wort Gottes von allem „reinigt", was der Programmatik des guten Gottes widerspricht, ist eine psychologische Argumentation aufzubauen. Es ist nämlich eine unbewiesene und bei genauerem Hinsehen höchst unwahrscheinliche Unterstellung zu denken, ein Mensch werde in seinem seelischen Empfinden durch einen Text in genau dem Sinne beeinflusst, der der erklärten Programmatik des Textes entspricht.

---

[22] Hanna Wolff, Neuer Wein – Alte Schläuche. Das Identitätsproblem des Christentums im Lichte der Tiefenpsychologie, Stuttgart 1981.

[23] F. Alt, Jesus – der erste neue Mann, München [4]1990.

[24] H. Jaschke, Dunkle Gottesbilder. Therapeutische Wege der Heilung, Freiburg 1992; ders., Jesus der Mystiker, Mainz 2000.

[25] H. Wolf, a. a. O., S. 164.

[26] Dieser vermeintlich traditionskritischen Operation fällt bei Helmut Jaschke etwa die Weltgerichtsszene in Mt 25 zum Opfer: Jaschke, a. a. O., S. 51–53.

Menschen kämen also zu einer Erfahrung der heilenden und rettenden Liebe Gottes, indem ihnen von dieser Liebe berichtet wird. Die
Bibel bezeugt diese Erfahrung gerade, indem sie vom Zorn Gottes
spricht. Damit ist nicht gemeint, dass man sich über die Liebe Gottes erst freuen könne, wenn man vor dem Zorn Gottes zittern
gelernt hat. Allerdings mag ein Beispiel aus der Arbeit mit Folteropfern der Militärdiktatur in Chile eine Ahnung von der Notwendigkeit des Gotteszorns für die Liebe und die Selbstwerdung von
Menschen vermitteln: Dieter Becker beschreibt in seiner theologischen Dissertation „Ohne Hass keine Versöhnung" die Trauma-
tisierungen von Folteropfern und deren Überwindung. Gefolterte
Menschen, so seine Einsicht, reagieren mit der Unfähigkeit, über
das Erlittene zu sprechen. Ihre absolute Ohnmachtserfahrung führt
dazu, dass sie beginnen, sich mit dem Täter zu identifizieren. Das
Folteropfer vollzieht so selber noch einmal nach, was der Folterer
beabsichtigt, die Annihilierung des Gefolterten als eines souveränen
Subjekts.

Dieser Prozess der Selbstzerstörung kann nur unterbrochen werden, wo Folteropfer zunächst lernen, die Perspektive des Gefolterten, dem unvorstellbares Unrecht widerfuhr und der dieses Unrecht
benennen kann, wieder einzunehmen. Diese Perspektive aber muss
sich notwendig mit negativen Gefühlen verbinden. Das ganze Aus-
maß der berechtigten Aggression, des legitimen Hasses muss erlebt
und ausgedrückt werden, bevor der gefolterte Mensch ein Subjekt
wird, das zum Verzeihen und zur Versöhnung einmal fähig sein
kann.

Diese Wirkung erkennt auch Gottfried Bachl als die entscheidende Funktion des Gerichtes. Im Gericht wird das Recht der Opfer
wiederhergestellt. Aber auch für die Täter ändert sich Entscheiden-
des. Das Gericht ermöglicht mit seinem Spruch die gerechte Auseinandersetzung des Täters mit seiner Tat, der er sich ohne das
negative Handeln der Richter an ihm entziehen würde.[27] Das Gericht ermöglicht so eine Umkehr zum Guten, eine wirkliche, personale Wandlung. Verurteilung und Gericht erscheinen so als heils-
notwendige Größen.

Voraussetzung einer solchen Deutung ist die Anerkennung der
Tatsache, dass für Täter und Opfer nicht das äußere Wohlleben und
die Überwindung der *mala physica* alleine Grundlage eines geheil-
ten Lebens sein können. Die innere Stimmigkeit eines Menschen

---

[27] G. Bachl, Das Gericht, in: Christ in der Gegenwart 45 (1993), S. 397.

mit sich selber ist als Voraussetzung gelingenden Lebens nicht zu erreichen ohne die Herstellung einer Stimmigkeit zwischen dem
Leben des Einzelnen und allen anderen Menschen. Václav Havel
hat nach der Wende 1989 immer wieder die Überzeugung geäußert,
der real existierende Sozialismus sei entscheidend zugrunde gegan-
gen an der Lüge, die ihn in allen Lebensbereichen am Leben erhalten sollte, die ihm zur zweiten Natur geworden war und die die
Menschen auf Dauer nicht ertragen haben. Theologisch gesprochen:
Der Durchbruch zu dem von Gott verheißenen und zugesagten Heil
eines Menschen setzt die Abkehr und die Lösung von Strukturen
des Unheils und der Sünde voraus. Dieser Prozess der Abkehr ist
schmerzlich, wo der Mensch mit den sündhaften Strukturen so ver-
wachsen ist, dass er möglicherweise meint, gar nicht ohne sie leben
zu können.

Die Lösung von den Strukturen des Unheils aber darf theologisch
nicht als eine Bußübung im Vorfeld des Glaubens gedeutet werden.
Sie ist im Gegenteil, wenn man die Lehre vom *initium fidei* ernst
nimmt, von Anfang an ein von der Gnade und dem Heilswillen
Gottes getragener Prozess, der in dem Maße seines Gelingens Vollzug echten heilschaffenden Glaubens ist. Das aber bedeutet konsequenterweise, dass Gott nicht nur im Vorfeld des Glaubens, im Bereich naturhaft-religionsgeschichtlicher Wahrnehmungen Gottes als
der Zornige erscheint. Als der Zornige erscheint Gott gerade auch
dem Gläubigen, dessen Voranschreiten auf dem Weg der Rechtfertigung und Heiligung notwendig verbunden ist mit einer um so schär-
feren Wahrnehmung des eigenen Unheils. An der Wahrnehmung
dieses Unheils vorbei kann Heil nur gedacht werden als ein personal letztlich äußerliches Superadditum, das den Menschen nicht
eigentlich in den Tiefen seiner Selbstkonstruktion berührt. Wo dagegen Heil biblisch gedacht wird als eine Verwandlung des Menschen,
die ihn in den Tiefen seines Denkens und Fühlens betrifft und die
zugleich seine Eingebundenheit in die Gemeinschaft aller Menschen saniert, da ist Heil nicht ohne Schmerz denkbar, da erscheint
Gott notwendig als der vernichtende, rächende, zürnende, dessen
Zorn allerdings überstrahlt ist von der ahnungsvollen, sich befesti-
genden Verheißung, dass die Negation nicht das letzte Wort Gottes
über den Menschen ist, dass vielmehr alle Negation nur Moment ist
an der unendlichen, tief heilenden und verwandelnden Positivität
Gottes.

b) Hermeneutische Grundsätze

Die klassische Theologie hält mit Recht fest an einer Sprache, die über Gott spricht wie über ein *Ding an sich*. Sie weiß zwar aufgrund des analogen Charakters aller theologischen Rede, dass ihre Aussagen über Gott allesamt falsch sind. Dennoch bedient sie sich ihrer objektivierenden Rede, um die Realität Gottes zu betonen und den Eindruck zu vermeiden, es handle sich bei Gott um ein Phänomen des menschlichen Bewusstseins. Es geht also um die Verteidigung der *Wirklichkeit Gottes* gegenüber dem Verdacht seiner subjektiven Fiktionalität.

Die Spitzenaussage der klassischen Gotteslehre, die auf diesem Weg erreicht wird, ist diejenige des absoluten Geheimnisses. Geheimnis aber ist eine Erfahrungswirklichkeit, die in Bezug auf den Menschen grundstürzend revolutionierende Wirksamkeit entfaltet.[28]

Die These von der Bedeutsamkeit der biblischen Rede vom zornigen Gott geht davon aus, dass sich die Bedeutsamkeit des absoluten Geheimnisses für den Menschen als eine existentielle *Wirk*-lichkeit im biblischen Text für den einzelnen Menschen entfaltet, indem der Mensch seine eigene Lebensgeschichte mit Gott in den biblischen Erfahrungsprotokollen von Gottesbegegnungen wieder erkennen und die eigene Glaubensbiographie so im Lichte der kanonischen Glaubensgeschichte auslegen kann. Die Gottesrede wird in diesem Konzept als abhängig von der individuellen Glaubensbiographie verstanden. Dieser hermeneutische Grundgedanke bedeutet das weitgehende In-den-Hintergrund-Treten der Rede von *Gott an sich* und die Hinkehr zu einer bewussten Akzeptanz der Biographie- und Subjektgebundenheit theologischer Rede. Dieser hermeneutische Ansatz muss nicht die Preisgabe jeder überindividuellen Geltung der Gottesrede bedeuten. Zum einen ist zu erwarten, dass Menschen sich verbunden fühlen mit anderen in ähnlichen Gotteserfahrungen. Weiter ist wahrscheinlich, dass sich in der Bibel ein Niederschlag der wesentlichen *Grundtypen der Gotteserfahrung* findet. Schließlich aber – und das ist der wichtigste Aspekt – hat biblische Hermeneutik ihren Ort in der Kirche als einer generationenumgreifenden Glaubensgemeinschaft, in der es die Erfahrung

---

[28] K. Rahner, Über den Begriff des Geheimnisses in der katholischen Theologie, in: ders., Schriften zur Theologie, Bd. 4 (Einsiedeln 1960), S. 51–102.

der Koinzidenz verschiedenster Gotteserfahrungen gibt, alle versammelt unter dem Himmel, des vollmächtig allen in der Kirche zugesprochenen Heilswortes des Auferstandenen. Der Pilgerweg jedes Einzelnen in seiner Gottesgeschichte ist so erfahrbar und real eingebettet in den Weg der ganzen Kirche, und er steht von Gott her unter der sakramentalen Verheißung seines endgültigen Gelingens.

Innerhalb dieses hermeneutischen Grundkonzeptes muss nichtreduktiv verfahren werden, das heißt *biblisch-explikativ*. Der Geheimnisbegriff ist innerhalb dieses Grundkonzeptes kein letzter ferner Punkt, sondern eine in der Nähe der Alltagswirklichkeit sich entfaltende Geschichte interpersonaler Begegnung mit dem geheimnisvollen Anderen, der sich zusagt im vieldimensionalen Wort der Bibel, in der Widersprüchlichkeit kirchlicher Realität, im sakramentalen Wort der endgültigen Heilsverheißung.

c) Kritik am Ansatz von Georg Baudler

Georg Baudler verfolgt in Anlehnung an René Girard ebenfalls ein entwicklungsorientiertes Modell theologischer Hermeneutik. Was allerdings in dem hier vertretenen Modell in die *Kirchlichkeit der Synchronie des Diachronen* hinein entfaltet wird, das projiziert Georg Baudler auf eine *weltgeschichtliche Diachronie*, dabei Offenbarung mit Entwicklungskategorien assoziierend.

In der Menschheitsgeschichte habe die Erfahrung der tödlichen Gewalt des Menschen gegen den Menschen die entscheidende Rolle bei der Entwicklung der Religionen gespielt. Die in den Religionen universale Praxis der kultisch-rituellen Tötung deutet Baudler als Bewältigungsstrategie gegenüber den Erfahrungen von Tod und Gewalt. Als Opfernder wird der Mensch selbst zum Tötenden und partizipiert so an jener Macht, vor der er sich am meisten fürchtet und die ihm wegen dieser Furcht zum höchst Denkbaren, zu Gott wurde.[29] Die Opferpraxis entspringt dem Faszinosum der Jagd. Wo dieses Faszinosum menschheitsgeschichtlich zurückgedrängt wurde durch eher agrarisch-eirenische Motivkomplexe (Fruchtbarkeit, Mutterschaft, Gestirne, Heimat)[30], führt dies nicht zu einer dauerhaften Veränderung der religiösen Vorstellungswelt, denn die sesshaften Kulturlandbewohner nutzen ihre sich steigernde Macht,

---

[29] G. Baudler, Erlösung vom Stiergott, Düsseldorf 1989, S. 105.
[30] Ebd., S. 320.

um andere Völker zu kolonisieren. Über den Umweg der Faszination durch die militärische Gewalt kommt die Verehrung der Tötungsmacht im Symbol des wutschnaubenden, zu Boden trampelnden Stieres wieder zu Geltung.

Auch Israel partizipiere in seiner Religionsgeschichte an diesen drei Entwicklungsschritten des Religiösen: an der ursprünglichen Faszination der göttlichen Tötungspotenz in der Natur, an der im Sonnensymbol gestalteten Verehrung der naturhaften Ordnung als der Quelle des Lebens und an dem Kult der militärischen Überlegenheit. Neben dieser archaischen Schicht der Bibel, in der sich archetypenhaft die Religionsgeschichte sedimentiert habe, tritt mit dem Exodus ein ganz anderes, fremdes, neues Gottesbild von echter Offenbarungsqualität in die Geschichte. Die Gewaltphantasien werden verdrängt durch das mütterliche Antlitz des *Ich-bin-(für-euch)-da*, das die Mose-Theophanie aus Ex 3,14 als Erfahrung durchscheinen lässt.[31]

Diese Exodus-Gotteserfahrung ist nach Baudler die eigentliche Offenbarungsmitte. Sie wird bestätigt und gesteigert durch die jesuanische Offenbarung Gottes als des guten Vaters.[32] Hinter dieses erreichte Offenbarungsniveau fällt die Bibel sowohl des Alten als auch des Neuen Testamentes ständig wieder zurück. Ähnlich wie Jaschke muss also auch Baudler einer selektierenden Hermeneutik das Wort reden, die die lautere Einsicht in die Güte Gottes messerscharf abtrennt von Kontextzuwächsen, in denen sich die religionsgeschichtlichen Spuren der Schreckensgottheit eingeprägt haben: Das Gleichnis von den bösen Winzern ist nach Baudler jesuanisch, weil aus dem Geiste Jesu, bis zur Ermordung des Sohnes (Mk 12,1–8). Die nachfolgende Ankündigung der Rache an den Winzern (Mk 12,9f.) spiegelt nach Baudler eine vorjesuanische Logik, die vom eigentlichen Offenbarungsniveau abfällt.[33]

Problematisch an dieser Deutung Baudlers ist, dass er große Teile der Bibel beider Testamente einer eliminierenden Zensur unterwerfen muss, um am Ende eine gereinigte Offenbarungseinsicht von lakonischer Kürze zu bekommen: Gott ist sich verschenkende, unendliche, lebenschaffende Güte. Nur der Mensch gewinnt Anteil an ihm, der sich vollkommen auf diese Güte einlässt und sie zur bewegenden Inspiration des eigenen Lebens machen kann.

[31] Ebd., S.114.
[32] Ebd., S.121.
[33] Ebd., S.128.

In seinem Band „Jesus der Mystiker" setzt sich Helmut Jaschke mit Argumenten auseinander, die dafür sprechen, dass die Gerichtsbotschaft Jesu „auf keinen Fall gestrichen werden" darf.[34] Die von Jaschke angeführten Argumente für eine Beibehaltung der Gerichtsbotschaft folgen der leitenden Fragestellung „Brauchen wir den Richter-Gott?". Wo die Bibel für ein diffuses „wir" funktionalisiert wird, wird sie zur *normierten Norm des Glaubens* domestiziert, deren Wahrheit sich noch einmal zu beugen hat vor dem, was der Zeitgenosse für sich nützlich findet, und munter als für allgemein nützlich unterstellt, so als gäbe es dieses „wir", von dem Jaschke spricht.

Hier wird dagegen die Auffassung vertreten, dass die *ganze* Bibel notwendig ist, um die von Baudler treffend wiedergegebene Spitzenaussage der Offenbarungsgeschichte nicht intellektualistisch als eine zu rezipierende Einsicht darzustellen, sondern um sie zur Substanz gläubigen Personseins werden zu lassen. Das nämlich setzt mehr voraus als eine Einsicht, die sich statt in der Sprach- und Bilderwelt der Bibel als theologischer Merksatz des Dogmatikers transportieren ließe. Die Sprachwelt der Bibel entspricht demgegenüber der Notwendigkeit, dass der Einzelne seine persönliche Überwindung menschheitsgeschichtlicher Sedimente im eigenen Bewusstsein nicht einfach als einen intellektuellen Prozess vollziehen kann. Die protestantische Tradition entspricht der hier gemeinten Sicht der Bibel mit ihrer Vorstellung, dass die Gnade Gottes, die den Menschen wirklich neu gestalten und verändern kann, einhergeht mit dem Hören des biblischen Gotteswortes. Will man diese reformatorische Hochschätzung der Bibel als des *wirkenden Wortes Gottes*, des Schöpfers, verstehen, dann muss man fragen, inwiefern die Bibel als das Buch des zornigen und gewalttätigen, des rächenden, befreienden und ohne Grenzen liebenden und den Menschen bejahenden Gottes ihrem Leser ermöglicht, an ihr ein Mensch zu werden, der zu diesem Gott, der sich in ihr offenbart, so passt, dass dieser Mensch diesen Gott innerlich verstehen kann.

Dieser Prozess kann nicht intellektualistisch verstanden werden. Für den Intellekt ist die letzte verantwortbare Entscheidung die, dass Gott das unergründliche Geheimnis schlechthin ist. In der Ordnung der Gnade, der Offenbarung und des Glaubens, so bekennt das Christentum, bleibt dieses Geheimnis nicht einfach nur die abweisende Wand, hinter der sich das Unverstandene, ja Unversteh-

---

[34] H. Jaschke, Jesus der Mystiker, Mainz 2000, S. 18.

bare verbirgt. In der Ordnung des Glaubens erschließt sich das Geheimnis als eine *Beziehungsgeschichte*, in der Geheimnishaftigkeit die Unabsehbarkeit der Wandlung und der Entwicklung bedeutet. So richtig es ist, dass Baudler in der Gottesoffenbarung Jesu das Zentrum darin erblickt, dass Gott sich offenbart als die unbedingte Liebe zu jedem Menschen, so sehr ist diese Liebe als die Liebe Gottes, des absoluten Geheimnisses, selbst geheimnisvoll und als solche nicht einfach als Klartext aussagbar, sodass jede und jeder gleich mit der Nennung des Begriffes wüsste, was mit dem Begriff gemeint ist. Vielmehr verlangt die Liebe Gottes, dass der Mensch sie erlernt, indem er sein Leben mit Gott wagt. Das aber geschieht, wo ein Mensch seine eigenen Erfahrungen und Selbsteinschätzungen dialogisch konfrontiert mit dem Gotteszeugnis der Bibel. Der biblische Text ist Wort Gottes, insofern er dem Menschen ermöglicht, an ihm als ein Mensch von Gott her in eine Entwicklungsgeschichte auf Gott hin einzutreten.

Die Widersprüchlichkeit der Bibel in der Frage von Gewalt und Liebe darf also nicht aufgelöst werden. Ein Liebesbegriff, der die Gewaltdimension einfach nur ausblenden oder literarkritisch wegoperieren würde, würde nicht aus der existentiellen und gläubigen Überwindung von Gewalt und Zorn leben, sondern bliebe eine blasse, erfahrungslose Chiffre.

Der Gottesbegriff selbst kann nicht anders angemessen verwendet werden denn als *praktischer Begriff*, der die Selbstdeutung des Subjektes in Bewegung bringt. Als ein solcher praktischer Begriff ist er nicht als die statische Identität eines sachhaft Erkannten verstehbar, das in seinem unwandelbar verlässlichen So-und-so-Sein eine verlässliche Basis für menschliches Herrschen über die Dinge dieser Welt abgibt. Es ist vielmehr ein Begriff, der die dynamische Begegnungsdimension wahrhaft personaler Wirklichkeit ausdrückt, in dem sich das So-und-so-Sein eines Gegenübers als die Erzählung der Begegnungsgeschichte dieses Gegenübers mit dem denkenden und fühlenden Subjekt selbst gibt. Der Gottesbegriff hat deshalb notwendig einen narrativen, einen heilsgeschichtlich erzählenden Logos. Er verweist nicht deiktisch auf etwas Sichtbares, in seinen Ausmaßen nach den Kategorien der Vermessbarkeit Beschreibbares. Er verweist narrativ auf eine Begegnungs- und Erfahrungsgeschichte Gottes mit jenen Menschen, die in dieser Begegnungsgeschichte zu *seinem* Volk wurden und die in dieser Begegnungsgeschichte zu allererst lernten, welche Wirklichkeit sich mit dem Namen Gottes verbindet.

Zu dieser Begegnungsgeschichte des Volkes aber gehören die negativen Dimensionen hinzu, das Sichdurchsetzen Gottes, das Menschen erleben als vernichtenden Zorn. Wie könnte diese Dimension ausgeblendet werden, ohne dass die narrative Gottesrede in die Gefahr gerät, mit einer sachhaften Rede über Gott verwechselbar zu werden?

8. Die Präsenz des Gotteszorns
im theologischen Denken des 20. Jahrhunderts

a) Karl Barths Widerstand
gegen die Verdrängung des Gotteszornes

Martin Luther hat drastisch wie kaum ein anderer Theologe dem Begriff des Gotteszornes zu neuen theologischen Ehren verholfen. Diese Wiederentdeckung des Gotteszornes geschieht bei Luther jedoch *mit der Rechtfertigungserfahrung im Rücken*. Gerade als der, der Gottes unbedingte, rettende und gerechtmachende Vergebungsbereitschaft erfährt, kann Luther vom Zorn Gottes „wider alle Gottlosigkeit und Ungerechtigkeit der Menschen" (Röm 1,18) sprechen. Als der, der sich erfuhr als in ein ungeahntes Licht der Versöhntheit mit Gott hinübergezogen, wird Luther die katastrophale Aussichtslosigkeit bewusst, mit der die von Gott getrennte Welt in ihr Verderben gerissen wird. Luthers eigene Erfahrung des Gotteszornes ist heilsgeschichtlicher Art. Sie umschließt die Verzweiflung des jungen Asketen am Anspruch Gottes, sein beglückendes Überwältigtwerden durch die größere Aktivität Gottes, die den retten kann, der sich selbst rettungslos verloren geben muss. Schließlich umschließt sie die Sicht dessen, der in den Erscheinungsformen des Gotteszornes aus seiner lebensgeschichtlichen Situation heraus die heilschaffende Liebe Gottes erkennen kann.

Diese existentielle Erfahrung heilsgeschichtlicher Wirksamkeit Gottes im persönlichen Leben verknüpft Luther allerdings mit einer gefährlichen Argumentation in der Soteriologie. Als Grundlage der heilschaffenden, liebenden Aktivität Gottes erkennt Luther eine unbedingte Entschiedenheit Gottes für jeden Menschen. Diese steht zwangsläufig im Gegensatz zur Gerechtigkeit des göttlichen Gesetzgebers und Richters. Luther löst diesen Gegensatz wiederum heilsgeschichtlich auf: Der zürnende Gott lädt seinen Zorn ab auf dem einen, den er anstelle der vielen zerschlägt. Weil Gott dem gezürnt hat, der keine Sünde kannte, kann er den Sündern verzeihen. In den

Bereich derer, die an diesem Werk Gottes partizipieren können, gerät der Mensch durch sein Bekenntnis zu Jesus Christus.

Die Gefahr dieser lutherschen Soteriologie besteht darin, dass die heilsgeschichtliche Interpretation aufgrund ihrer kirchenreformatorisch motivierten starken Betonung der *Einmaligkeit des Opfers Jesu* ihren heilsgeschichtlichen Charakter in einem *weltgeschichtlichen Erlösungsobjektivismus* verliert: Bis zur Auferstehung Jesu ist die Weltgeschichte dem Zorn Gottes ausgeliefert. Danach tritt sie ein in den Äon der vergebenden Liebe Gottes, an dem die Christen durch ihre gläubige Hinwendung Anteil erlangen. Wo der Begriff des Glaubens selbst nicht heilsgeschichtlich gedeutet wird, sondern *objektivistisch-institutionalistisch*, da wird konsequenterweise die Welt geteilt in eine getaufte Heilsgesellschaft und eine Restmenschheit, die immer noch in der Sphäre des Gotteszornes lebt. Die praktischen Folgen dieser objektivistischen Übersetzung lutherischer Soteriologie sind im realsten Sinne des Wortes vernichtend.

Karl Barth wehrt sich gegen eine solch objektivistisch-heilsgeschichtliche Deutung des Gotteszornes. Für Barth repräsentiert Albert Ritschl ein entsprechendes Denken. Ritschl erkennt im Gotteszorn „[…] den Beschluss Gottes, diejenige Menschen zu vernichten, welche sich der Erlösung und dem Endzweck des göttlichen Reiches endgültig widersetzen"[35]. In der heilsgeschichtlichen Sphäre der Kirche und des Glaubens kann es keinen Gotteszorn mehr geben. Die Übel sind im Leben des Christen keine Anzeichen göttlichen Zornes, sondern Hinweise auf Gottes Erziehungshandeln.[36]

Barth hält gegen Ritschl an der Einheit von Altem und Neuen Testament fest. Gott steht seiner Menschheit gegenüber als der Heilige. Mit der *Heiligkeit Gottes* ist der Mensch in beiden Testamenten als dem Gesetz seines Lebens konfrontiert. Es impliziert die Notwendigkeit, im Alltag ein Leben zu führen, das zu Gott passt: „Ihr sollt heilig sein, weil ich, euer Gott, heilig bin" (Lev 11,44). Von dieser Notwendigkeit kann auch der Christ nicht dispensiert werden. Die Heiligkeit Gottes, seine Unvereinbarkeit mit der Sünde, erscheint den Sündern als schrecklich, als „Moloch eines verzehrenden Feuers"[37]. Die Geschichte des Christen unterscheidet sich in

---

[35] A. Ritschl, Die christliche Lehre von der Versöhnung, 3 Bde., Bonn ²1882 f., S. 300.
[36] Ebd., S. 301.
[37] K. Barth, Die kirchliche Dogmatik, 4 Bde. in 13 Teilbänden, Zürich 1932–1970, II/1, S. 461.

diesem Punkt nicht von der Geschichte Israels: Gott wird seine lebensspendende Macht nicht da erweisen, wo Raub und Unterdrückung herrschen, wo Menschen im Gegensatz stehen zu der Weisung Gottes, die dem Menschen zum Leben dienen soll.

Barth wird mit dieser Deutung der neueren Interpretation alttestamentlicher Gesetzlichkeit gerecht. Das Gesetz des Alten Testamentes ist nämlich nicht zu verstehen als „*nómos*" im Sinne einer herrscherlichen Verfügung, deren Zweck darin besteht, dem Untertanen jenen Gehorsam zu ermöglichen, in dem die eigentlich heilshafte Gottesbeziehung sich ereignet. Diese Lesart des Gesetzes orientierte sich am Begriff des Gehorsams (*hypakoé*), der in der zentralen paulinischen Formulierung des Erlösungswerkes Christi eine entscheidende Rolle spielt (Röm 5,19). Das Gesetz ist vielmehr Weisung (*torah*). An ihm soll nicht allein ein Gehorsam der Knechte erlernt werden, sondern an ihm soll sich der verstehende Gehorsam derer bilden, die einstimmen in das, was Gott mit seiner Menschheit will: das Wirksamwerden eines Heiles, das nicht als beziehungsloses Superadditum vom Himmel fällt, sondern das sich ereignet, wo Menschen der Heiligkeit des Schöpfers in ihrem Denken, Fühlen und Handeln entsprechen und darin auch zuinnerst der Schöpfung, einander und sich selbst entsprechen.

Wo dies nicht geschieht, herrschen Kampf und Uneinigkeit, auch da, wo die Geschichte unter der Zusage einer grenzenlosen Liebe und Versöhnungsbereitschaft Gottes steht: Auch dem Christen begegnet Gott „[...] eifrig, eifersüchtig, zornig – genau wie er Israel nach dem Zeugnis des Alten Testamentes begegnet, genau so, wie er ihm nachher in der Person des eigenen Sohnes im Kreuzestod begegnet [...]"[38]. Allerdings liegt in dieser Zornerfahrung seit Jesus Christus die unbesiegbare Verheißung, dass diese Erfahrung des Getrenntseins von der göttlichen Lebensordnung überwindbar ist und überwunden werden wird, dass Gott selber ihre Überwindung zu seiner Sache gemacht hat und dass der Christ in der Verlorenheit seines Lebens wissen darf, dass Gott diese Verlorenheit mit ihm teilt und mit seiner Lebenskraft erfüllt.

Es gibt für Barth keine geschichtslose und geschichtsflüchtige Gotteserfahrung: In den Kämpfen der Gegenwart, in der Gottverlassenheit einer Welt, die das Leben der Menschen und den Frieden hintanstellt hinter ihre Zwecke, verkündigt die Kirche den Gott der Heiligkeit und Gerechtigkeit, der zwangsläufig der Gott des Zornes

---

[38] Ebd., S. 411.

sein muss für alle, die sich seiner Lebensordnung entgegenstellen, dessen Zorn aber für alle, die auf seine Macht vertrauen, die Verheißung ihres endgültigen Sieges in sich trägt.

b) Katholische Perspektiven

Auf katholischer Seite hat Hans Urs von Balthasar den Gotteszorn als notwendiges Element der Heilsgeschichte dargestellt. Von Balthasar deutet die Offenbarung in Jesus Christus als das Hervortreten eines innergöttlichen Liebesgeschehens. Der Vater gibt sich bei der „Zeugung" vollkommen dem Sohn, der mit seiner Selbstentäußerung anlässlich der Menschwerdung, die sich im Kreuzestod vollendet, alles dem Vater zurückschenkt. Wo auf diese Weise Gott sich in seinem lebendigen Wesen als *hingebende, empfangende und antwortende Liebe* offenbart, da tritt in dem gleichen Maße, in dem Gott in seinem Wesen erkannt und verehrt wird, deutlicher hervor, wie sehr Gott beleidigt wird durch die Verweigerung der Liebe. Verweigerung der Liebe bedeutet das Für-sich-sein-Wollen. Dieses egomanische Sichverkapseln im Eigenen, das sich dem Fluss lebendiger, gebender und nehmender Kommunikation verweigert, erregt den Zorn Gottes. Gott kann die freie Liebeskommunikation als den Sinn seiner Schöpfung nicht erzwingen. Diese Vollendung der Schöpfung verlangt notwendig jene Freiheit, die auch zwischen dem göttlichen Vater und dem göttlichen Sohn waltet. Ihr entspricht der Sohn mit jener Liebe, die der Mensch immer auch verweigert. So zwingt der Mensch Gott in der Ordnung der *potentia ordinata* in jenen Zorn, den er von sich aus nicht will.[39]

Hans Urs von Balthasar und Karl Rahner gelten für viele als die beiden großen antipodischen Vertreter neuerer katholischer Theologie. Jedenfalls hat sich Karl Rahner gegen eine Trinitätstheologie gewehrt, die, wie dies bei von Balthasar geschieht, ein innergöttliches Leben der trinitarischen Personen meint beschreiben zu können. Rahners Gottesbegriff gipfelt im Begriff des Geheimnisses. Anders als von Balthasar ist Rahner sehr hellhörig hinsichtlich der erkenntnistheoretischen Grundlagen der Theologie. Rahners Theologie ist zwar dezidiert theozentrisch, insofern er Gott als den Fremden, den Anderen, das schlechthinnige Geheimnis darstellt, das als solches Mitte und Ziel des menschlichen Lebens ist. Der Gang sei-

---

[39] H. U. v. Balthasar, Theodramatik, 4 Bde., Einsiedeln 1973–1981, Bd. 3, S. 317 ff.

ner Theologie aber ist anthropologisch, insofern Rahner immer zu
erfassen versucht, wie Gott dem Menschen erscheint. Als das absolute Geheimnis ist Gott niemals „an sich" gegeben, sondern immer
nur in der *Gebrochenheit der Wahrnehmung durch den Menschen.*
Dabei handelt es sich jedoch nicht um ein göttliches Versteckspiel,
sondern um eine ontologische Notwendigkeit, die dem gemäß ist,
was Gott mit seiner Welt will. Die Welt ist wie bei von Balthasar
auch bei Rahner das Gegenüber eines göttlichen Angebotes zu lie-
bender Kommunikation. Der liebenden Kommunikation ist es gemäß, dass sich die Partner in ihr dem jeweils anderen so geben, wie
es der Beziehung gemäß ist. In der liebenden Kommunikation gibt
es keine Möglichkeit, der Notwendigkeit wechselseitiger Selbster-
schließung zu entkommen, indem man sich flüchtete auf eine Ebene
objektiv definierter Persönlichkeitsmerkmale. In der Liebe liefern
sich die Geliebten wechselseitig der Wahrnehmung des jeweils anderen aus.

Geheimnis bezeichnet so in der Theologie Rahners nicht einfach
einen theoretischen Grenzbegriff, sondern einen *praktischen Appell*:
Der Mensch suche das Verhältnis zu Gott, das dem göttlichen Be-
ziehungsangebot gemäß ist.

Rahner selber neigt dazu, in seiner mystisch-spirituellen Gottesrede die dunklen Seiten Gottes zu betonen. Es handelt sich dabei
nicht um objektiv dunkle Seiten, sondern um Dunkelheiten, in
denen sich die Unfähigkeit des Subjektes zu einer Liebesekstase auf
Gott hin ausdrückt. Der Mensch, der sich verweigert, der sich in der
verzweifelten Aussichtslosigkeit seiner Endlichkeit auf sich selber
verlassen will, der das Risiko scheut, sich auf den Unbegreiflichen
als sein rettendes Gegenüber einzulassen, dem erscheint dieser Un-
begreifliche als dunkel bedrohliche Wirklichkeit. Die Unfähigkeit
zur Ekstase aber ist für Rahner nicht einfach eine persönliche Glau-
bensschwäche. Sie gehört zu der konkret erfahrbaren Konstitution
aller Menschen. Alle Menschen gelangen zur Gewissheit des erlösenden und rettenden Gottes nur im Durchgang durch die Nacht
des Todes. Das entspricht der augustinischen Lehre vom Tod als
einer Folge der Ursünde, durch die für alle menschlichen Ge-
schlechter das Gottesverhältnis aus dem heilen Zustand seiner ursprünglichen Klarheit und Ungetrübtheit verdrängt wurde. Danach
existiert der Tod, nicht als physische Realität, als welche sie ohne
die Trübung der Gottesunmittelbarkeit bedeutungslos wäre, sondern als *existentielle Realität,* deren grausame Wahrheit darin besteht, dass der Sterbende die *Katastrophe der Gottverlassenheit*

durchleiden muss. Durch diese Katastrophe hindurch muss eine Gottesbeziehung aufrechterhalten werden. Die Gestalten des Gotteszornes, die einem Menschen in seinem Leben widerfahren, sind alles Gestalten dieses Todes der Gottverlassenheit, den Jesus auf Golgota selber im Solidarischwerden mit den Kindern Adams gestorben ist, darin zugleich offenbarend, dass ein Weg in die Gegenwart seines leuchtenden, herrlichen, rettenden Antlitzes führt. Rahners Metaphorik kennt den Begriff des Zornes nicht. Zu strukturell, zu unausweichlich vorgegeben ist die Situation der ursündig verstellten Gottesunmittelbarkeit, als dass die plastische biblische Metaphorik vom zürnenden Gott sie adäquat ausdrücken könnte.[40]

Raymund Schwager trägt in einem ansonsten für die katholische Theologie unvergleichlichen Umfang bei zu einer Theologie des Zornes Gottes. Grundlage von Schwagers Interesse am Zorn Gottes sind die Entdeckungen des Innsbrucker Dogmatikers zur Bedeutung der Gewalt für das Leben eines jeden Menschen. In Anlehnung an René Girard deutet Schwager Gewalt als Menschheitsverhängnis, das sich anfanghaft mit dem Menschsein als solchem verbindet: Der in seiner Geistigkeit auf die Weite Gottes Eröffnete ist notwendig von grenzenloser Unbestimmtheit. Diese Offenheit wird dem Menschen zum Verhängnis, weil sie begleitet ist vom Schmerz des Ungenügens im Endlichen. In seinem Schmerz aber erkennt der Mensch nicht seine Endlichkeit, sondern die vermeintliche Erfülltheit des anderen. Schmerz schlägt so um in Aggression. Die Religion ist die menschliche Praxis, die von Anfang an mit dieser Aggression zu kämpfen hat, ist es doch die Aufgabe der Religion, eine innere Bereitschaft und Fähigkeit aller Menschen zum gewaltfreien Miteinander zu erzeugen. Dies geschieht in den Religionen in der Praxis des Opferns, die Schwager mit René Girard als Tötungshandlung zum Zweck der Gewaltkanalisierung deutet: Im sterbenden Tier stirbt der verhasste Mitmensch, der scheinbar nicht zu leiden braucht an der Eröffnetheit seines Geistes auf das Gott-Geheimnis, das sich aber diesem Geist niemals als Besitz gibt.

Der Gott der Opfer ist nicht zornig. Diese Einsicht ist gegen alle einzuwenden, die ausgerechnet im Gott des Tempels das Bild des zornigen Gottes erkennen wollen. Die Opfer beruhigen das Aufwal-

[40] R. Miggelbrink, Ekstatische Gottesliebe im tätigen Weltbezug. Der Beitrag Karl Rahners zur zeitgenössischen Gotteslehre, Altenberge 1989, S. 46–73.

len jeglichen Zornes. Der Jahwist schildert am Ende seiner Urge-
schichte gar, wie JHWH durch das Opfer des Noach versöhnt wird
mit der unausrottbaren Bosheit des Menschen: „JHWH roch den
beruhigenden Duft und JHWH sprach bei sich: Ich will die Erde
wegen des Menschen nicht noch einmal verfluchen; denn das Trach-
ten des Menschen ist böse von Jugend an. Ich will künftig nicht
mehr alles Lebendige vernichten, wie ich getan habe" (Gen 8,21).

Zorn kennzeichnet weder den Gott, dem Opfer dargebracht werden, noch diejenigen, die Opfer darbringen. Sie töten nicht aus Wut
und Unbeherrschtheit. Das System des rituellen Opferns gewährt
ihnen gerade im Gegenteil, dass sie mit sehr rationalen und nach-
vollziehbaren Argumenten in würdiger Weise schlachten und so
eine Katharsis vom eigenen Zorn erleben, ohne dass dieser Zorn
selber thematisch werden müsste. Der Zorn Gottes wird bezeichnenderweise erst zum Thema, als die Propheten sich gegen die
Opferpraxis der Tempelpriester stellen. Die Propheten decken die
Fiktionalität des sozialen und gesellschaftlichen Friedens, den die
Tempelopfer sichern sollen, auf. Sie machen die verdeckten Gewalt-
verhältnisse von Unterdrückung und verweigerten Lebenschancen
bewusst und führen gegen diese gesellschaftliche Ordnung die Inspiration des Exodusgottes ins Feld. Dieser aber erscheint dann als
der zu Recht Zürnende. Der Zorn Gottes ist in der Prophetie nach
Raymund Schwager ein Moment an dem Offenbarungsprozess des
Gottes Israel, in dem Menschen sich der Gewaltgeprägtheit ihrer
Verhältnisse bewusst werden, weil sie sich leiten lassen von der Inspiration des Exodus-Gottes, der befreites und gemeinschaftliches
Leben verheißt. Das Bild des gewalttätigen Gottes wird nicht einfach als Projektion des gewalttätigen Menschen denunziert, sondern
begriffen als notwendiges Moment einer offenbarungsgeschicht-
lichen Entwicklung.

Diese offenbarungsgeschichtliche Sicht wird konsequent weiter-
entwickelt in der Christologie und Soteriologie Schwagers: Wenn
Jesus Christus Gottes letztes Wort in seinem Offenbarungsdialog
mit der Menschheit ist, dann muss das Menschheitsthema der Gewalt in diesem letzten Wort aufgegriffen werden, dann muss die bis-
herige Offenbarungsgeschichte zum Thema der Gewalt neu aufgenommen werden. Dies geschieht bei Schwager im Modell einer
fünfstufigen Entwicklung Jesu: Der Wanderprediger, der aus der Erfahrung der Fülle Gottes lebt, gerät in den Gegensatz zu einer Welt,
die sich gegen Gott behauptet. Seine erste Reaktion ist jener prophetische Zorn, mit dem er wie einst Amos die Strukturen der ver-

deckten Gewalt und der Verweigerung von Lebenschancen aufdeckt und aus der Vollmacht Gottes negiert. Der Gott Jesu erscheint in diesem Kontext als so zornig wie Jesus selbst, der die Tische der Tempelhändler umstößt. Allerdings durchlebt Jesus den Zorn bis in seine letzte Konsequenz, bis an jenem Punkt, an dem sich dem Zorn des Gerechten die Gewaltbereitschaft derer entgegenstellt, die den Ankläger zum Verstummen bringen wollen. Gegen die Gewaltbereitschaft der Verfolger steht für den Psalmisten Gottes überlegene Macht. Diese aber erfährt und offenbart Jesus anders. Gottes Macht ist nicht überlegen, indem sie mit den größeren Möglichkeiten physischer Gewaltanwendung den Gegner überlegen in die Knie zwingen würde, Gottes Macht ist überlegen, *weil sie anders wirkt* als im Sinne der Gewalttäter: Der bekämpfte Prophet, in dem JHWH seinen Zorn erweckte wie einst im Propheten Jeremia, überlässt sich nicht gleichsinnig der Logik dieses Zornes, sondern lässt sich hineinziehen in das Vernichtungshandeln der anderen an ihm. Jesus nimmt den ihm zugedachten Tod an, nicht um Zorn zu sammeln für den Tag der Vergeltung, sondern um im Durchleiden der Gewalt der anderen noch einmal Gottes Liebe und Vergebung allen zuzusprechen, damit den Teufelskreis menschlicher Gewalt durchbrechend und Menschen in eine neue Sammlungsbewegung hineinziehend.[41]

Der Zorn Gottes ist somit bei Schwager eine Gestalt der Erscheinung seiner Güte in dem speziellen menschlichen Kontext der charakteristisch menschlichen Gewaltgeschichte, die resultiert aus dem Konfrontiertsein des Menschen mit der Wirklichkeit Gottes. In seinem Zorn negiert Gott die vermeintlich heilvollen Wege der Menschen, um sie in einer gesteigerten Weise mit der Wirklichkeit Gottes selbst zu konfrontieren, in der das ganze Elend des Menschen zu Bewusstsein kommen, aber auch geheilt werden kann.

---

[41] R. Schwager, Jesus im Heilsdrama. Entwurf einer biblischen Erlösungslehre, Innsbruck ²1996. Ders., Brauchen wir einen Sündenbock? Gewalt und Erlösung in den biblischen Schriften, München 1978, S. 54–142.

III. Gottes Zorn
und seine dramatische Geschichte
mit der Welt

1. Gott im Widerspruch zur Welt

a) Der sprechende Gott

JHWH ist ein sprechender Gott. Das unterscheidet ihn von den stummen Götzen (Hab 2,18–20; 1 Kor 12,2). Der sprechende Gott ist keine universal einsetzbare transzendente Legitimationsfigur, die sich als *portable Gottheit* (Jes 45,20) für jedweden Zweck herbeischaffen ließe. Gegen eine Theologie der universalen legitimatorischen Verwertbarkeit steht der Gott der Bibel als ein *sprechender* Gott, der als solcher Erkenntnis vermittelt. Die entscheidende Ursprungsintuition des biblischen JHWH-Glaubens ist die Sklavenbefreiung des Exodus. Sie ist nicht nur ein Akt strategischer Intelligenz, durch den eine erstrebte Flucht ermöglicht wurde. Der Offenbarungscharakter des Exodusgeschehens zeigt sich vielmehr in dem Hervorbrechen des Undenkbaren, in der Formulierung eines Freiheitswunsches, der die Selbstverständlichkeit des eigenen Instrumentalisiertseins überwindet und der motiviert, Wüste, Entbehrung, ja den Tod vor Erreichen des Zieles lieber in Kauf zu nehmen, als weiter in der Unfreiheit der Fremdbestimmung zu leben.

Als sprechender Gott ist JHWH der Anwalt der von ihm inaugurierten Freiheitsinspiration. Er verteidigt sie gegen ihr Vergessenwerden und gegen ihre Depravation. In der Religion Israels bildet sich neben den Königen und Priestern eine nicht-amtliche, freie Form der Prophetie aus, die auftritt als Anwalt der Inspirationen des Ursprunges. Sie ist die theologische Heimat des Zorn-Gottes-Theologoumenons.

b) JHWH führt in ein Leben des Widerspruchs

JHWH inspiriert Menschen mit seiner Vision gelingenden menschlichen Lebens. Diese Vision tritt gegen die Mächte des Status quo in den Widerspruch. In diesem Band wurde dieser Widerspruch am Beispiel des Jeremia exemplifiziert. In der Gestalt des Jeremia jedoch kommt lediglich zu Bewusstsein, was zur Grundgestalt des Prophetischen hinzugehört: Die Inspiriertheit durch JHWH entfremdet vom friedlichen Miteinander mit der Gemeinschaft, treibt in einen schmerzhaften Widerspruch.

René Girard hat sehen gelehrt, dass alle menschlichen Gemeinschaften in ihrer Geborgenheit gebenden Bezogenheit der Menschen aufeinander in dem Verdacht stehen müssen, erkauft zu sein durch eine Logik der Ausgrenzung und des Opfers Einzelner. Gemeinschaft wird auf diese Weise zu einer fragwürdigen und ambivalenten Größe, wo man konkreten Gemeinschaften mit dem radikalen Anspruch begegnet, der sich mit der Exodusvision verbindet, mit dem Anspruch eines Lebens in Freiheit und grundsätzlicher Gleichheit aller, das Gott Menschen als sein Programm zumutet. Durch die in der Exodustradition propagierte theonome Begründung eines neuen Gemeinschaftstypus werden Staat, Gesellschaft, Familie und menschliche Gemeinschaften aus der *Selbstgenügsamkeit ihres mechanischen Funktionierens*, das Opfer und Gewalt einschließt, herausgeführt in den größeren Raum einer absoluten Verantwortung vor dem einen Gott. Monotheismus und das verschärfte Bewusstsein für die ethische Verantwortung jedes Einzelnen haben in der Prophetie und im Deuteronomismus ihren synchronen programmatischen Ursprung.

Damit aber tritt der Vertreter des Monotheismus, der Visionär einer neuen Radikalität der gesellschaftlichen Verbindung von Menschen in der Gestalt jenes brüderlichen Liebesbundes, der den Kern der deuteronomistischen Gesellschaftsutopie bildet, notwendig in den Widerspruch zur bestehenden gesellschaftlichen Realität. Dieser Widerspruch hat seinen Ursprung in der genuinen Gotteserfahrung einer spezifischen JHWH-Tradition. Der erfahrene Widerspruch des Einzelnen zur Gesellschaft ist so „Zorn Gottes", Zorn gegen eine Welt, die nicht so ist wie JHWHs Vision vom brüderlichen Leben der Kinder Israels.

Das Christentum begreift sich als in die Verheißung und in die Verpflichtung Israels hineingenommen. Als Miterben der Verheißung und der Verpflichtung erleben auch Christen es als unausweichliche, religiöse Notwendigkeit in den zornigen Widerspruch zu einem gesellschaftlichen Frieden und einer Wohlfahrt zu treten, die erkauft werden durch ihre zum Programm erhobene *Exklusivität.* Ihr steht der radikale *Inklusivismus des JHWH-Glaubens* entgegen.

Vor seinem Hintergrund kann es kein Glück geben, das auf dem Schauer beruht, im Gegensatz zum Nachbarn noch einmal davongekommen zu sein. Die JHWH-Religion steht gegen das käufliche Glück, das davon lebt, begrenzt vorhanden und selektiv portioniert und distribuiert zu werden. Die Religion des lebendigen Gottes als der Quelle überströmenden Lebens sperrt sich gegen die Logik des Mangels und der knauserigen Verteilung.

Die prophetische Einsicht in die Theonomie des radikal inklusiven Konzepts menschlicher Gemeinschaft verbindet sich spätestens seit Deuterojesaja mit der theologischen Idee der Schöpfung: Gottes Wille mit seiner Menschheit ist ihr als ihr Gesetz eingestiftet. Das begründet eine große Gelassenheit gegen alle menschlichen Verstöße gegen diese Ordnung. Als das Gesetz der Welt lässt sich Gottes Wille nicht beugen. Er wird sich mit selbstverständlicher Macht durchsetzen. Alles, was ihm widerspricht, wird den Weg dessen gehen, was sich als schöpfungs- und damit seinswidrig nicht im Sein wird halten können.

Vor diesem Hintergrund bekommt der Zorn des von Gott inspirierten Menschen etwas Mitleidiges. Seine emotionale Erregtheit zeugt nämlich von einem inneren Widerstand des Menschen gegen den zwangsläufigen Untergang des Schöpfungswidrigen.

c) Konkrete Prophetie

Begreift sich das Christentum als Miterbe der Verheißungen und Verpflichtungen Israels, dann partizipiert es auch an der Prophetie des zornigen Gottes. Die Prophetie konfrontiert die hellsichtige Gegenwartsanalyse mit der Wahrheit Gottes für diese Welt. So erkennt sie, was an dieser konkreten Gegenwart schöpfungswidrig und so dem Untergang geweiht ist. Die alttestamentliche Prophetie verficht keine Theologie des rettenden Eingreifens Gottes in die Geschichte, sondern sie bezeugt die grausame Eigengesetzlichkeit einer Welt, die Schuldige und Unschuldige zusammenfasst, wenn die Menschen ihre Lebensgrundlagen zerstören. Gottes Zorn ist in der vorexilischen Theologie nicht selektiv-individuell, sondern unterschiedslos Arm und Reich treffend.

Diese Erfahrung verbindet die Prophetie mit der zeitgenössischen Gegenwartsanalyse. Auch in ihr wird die Zerstörung der Lebensgrundlagen denkbar als eine Wirklichkeit, die alle Menschen betreffen wird. Prophetisches Zeugnis heißt unter diesen Bedingungen die Aufdeckung der zerstörerischen Mächte, die Enttarnung ihres vernichtenden Charakters. Dabei wird wie in der Zeit der klassischen Prophetie damit zu rechnen sein, dass sich das Vernichtende als Hochwert tarnt, als göttlicher Kult, als garantierte Sicherheit, als allgemeine Wohlfahrt.

Thomas Ruster wird nicht müde darauf hinzuweisen, dass in der Weltzivilisation des beginnenden 21. Jahrhunderts mit nie da gewesener und dennoch wachsender Universalität die Logik des Geldes alles menschliche Leben durchdringt, Wohlfahrt und Sicherheit verheißend wie einst die Konkurrenten des Jeremia.[1] In der Grenzenlosigkeit seiner Wachstumsmöglichkeiten und seiner Verheißung von käuflichem „Leben in Fülle" ist das Geld zu einer konkurrierenden Heilsverheißung mit religiöser Qualität geworden. Was es von der Lebensbotschaft des Gottes Israels unterscheidet, ist sein *Geiz* und seine *Exklusivität*. Die Logik des Geldes lebt von der Sparsamkeit, von der Verknappung der Güter. Ihr entsprechen der Fleiß und die Hingabe derer, die den Verheißungen des Geldes folgen. Der Hingabe des eigenen Lebens entsprechen Neid und Geiz. Wer all seine Lebenskraft und seine Lebenszeit investiert, um Partizipation an den käuflichen Gütern zu erlangen, spürt je länger um so deutlicher, wie das Gewonnene ihn um die verkauften Chancen und Möglichkeiten seines Lebens betrügt. Der vermeintliche Reichtum erweist sich als Verarmung, für die der Reiche sich durch um so rigidere Betonung der Exklusivität seines vermeintlichen Genusses im Warenkonsum rächt. Auf diese Weise wird die Ideologie von der Lebenskraft durch Konsum aufrecht erhalten, der Schein erweckt, das Käufliche sei erstrebenswert.

René Girard beschreibt diesen Mechanismus als die Wirksamkeit der *Mimesis*: Menschen glauben in der grenzenlosen Offenheit und Unbestimmtheit ihres Strebevermögens immer, das vermeintliche Glück des anderen sei die Erfüllung des eigenen Lebens. Für Girard ist dies der Schlüssel zur Gewalttätigkeit des Menschen. In der Tat erscheint die Gewalt als der düstere Begleiter der bunten Warenwelt des Kapitalismus. Sie wird kanalisiert durch ihre stellvertre-

---

[1] Th. Ruster, Der verwechselbare Gott. Theologie nach der Entflechtung von Christentum und Religion, Freiburg 2001.

tende, mediale Befriedigung. Diese stellvertretende Befriedigung menschlicher Begierde nach Gewalt ist zugleich mit einer ästhetischen Gestaltung der Gewalt verbunden, die auf dem Wege der Nachahmung, der Mimesis, der Gewaltneigung der Menschen immer neue Nahrung gibt.

Der Kult des Geldes lebt parasitär von Kräften gesellschaftlicher Kohärenz, die er selber nicht zu erzeugen vermag. Die Erhebung des geldvermittelten Warentausches zur Religion des Geldes, von der Erfüllung der Sehnsucht und so Heil erwartet wird, ist die vitale Bedrohung der Bindung an den einen Gott Israels, die alleine die Lebensgrundlage der Schöpfung und der gesellschaftlichen Kohärenz bewahren kann. Die Transzendenz des Gottes Israels ist die Transzendenz der Lebensfülle. Die Transzendenz des Geldes ist dagegen nur die Leere verheißener, immer zukünftiger Potentialität.

Die Prophetie des zornigen Gottes hat in der gegenwärtigen gesellschaftlichen Situation ihre Aktualität in der *Aufdeckung der immanenten Destruktivität einer Transzendenz des Geldes*. Diese Sünde der Gegenwart kann bewusst werden, wo dagegen ein Gespür kultiviert wird für die reale Lebensfülle Gottes. Zu diesem Zweck muss die Gottesrede heraustreten aus dem Gefängnis ferner, hochtheoretischer Erst- und Letztbegründung, in das sie im Zuge der Aufklärung eingeschlossen wurde, um die Welt dem vermeintlich zur Mündigkeit erwachten Menschen zu überlassen. So berechtigt dieser Anspruch der Mündigkeit unter den Bedingungen des Ancien Régime war, weil er die Überwindung religiöser Heteronomie bedeutete, so katastrophal ist heute die Aussicht einer menschlichen Mündigkeit, die jede Bindung an religiöse Tradition als Heteronomie abweist.

d) Gott – eine katastrophische Wirklichkeit für die Welt

Mit bemerkenswerter Empfindlichkeit reagiert die Öffentlichkeit heute auf die Gewaltdimension der christlich-jüdischen Tradition. Wenn Jan Assmann den toleranten ägyptischen Polytheismus absetzt von der brutalen, vernichtungsbereiten Intoleranz des biblischen Monotheismus[2], so spiegelt diese Hochschätzung eine allgemein zunehmende Faszination der Öffentlichkeit durch eirenische Polytheismen und eine Mythologie, die sich nicht bedrängen lässt

---

[2] J. Assmann, Moses der Ägypter, a. a. O., S. 34.

durch die bohrende Wahrheitsfrage. Das Faszinierende der wahr-
heitsindifferenten Mythologie besteht in ihrer Vereinbarkeit mit der
zeitgenössischen Lebenswelt. Sie bietet religiösen Sinn, ohne unentwegt in die Opposition zu bestehenden gesellschaftlichen Verhältnissen zu drängen. Der Gott der Mythen ist für den Pragmatismus
moderner Gesellschaften nicht gefährlich, weil er ihr gegenüber keinen programmatischen Gestaltungsanspruch erhebt. Für den Gott
Israels ist dies allerdings unabdingbar. Er duldet keine anderen
gesellschaftlichen Gestaltungsmächte neben sich. Er muss somit
konsequent in die Opposition zu gesellschaftlichen Verhältnissen
portionierter und selektiv distribuierter Solidarität treten. Das ist er
seinem Namen schuldig, den er offenbart hat, als er die Kinder Israels aus der Sklaverei eben jener ägyptischen Gesellschaft befreite, in
der Assmann nun mit Recht ein Vorbild der Toleranz entdeckt.
JHWH ist nicht tolerant, weil für ihn Toleranz nicht die Duldung
eines abweichenden Elementes gesellschaftlichen Überbaus bedeutet. Für JHWH und Israel besteht zwischen Wahrheitserkenntnis
und gesellschaftlicher Gestaltung ein unmittelbarer Zusammenhang. Israel lebt nicht in einem gesellschaftlichen Kontext, dessen
funktionierende Stabilität so oder so die eigene Wohlfahrt beför-
dert; Israel sehnt sich nach einer Gesellschaft, die die elementare
Lebensmöglichkeit für jeden im Volk, auch für die Kinder, allererst
schaffen muss. In diesem Kontext kann es keine konzedierende,
liberale Toleranz geben, sondern nur die Verpflichtung jedes Einzelnen auf die Vision von Befreiung und Gerechtigkeit.

Die westlich-liberale Idee der religiösen Toleranz beruht auf dem
Konsens der praktisch-gesellschaftlichen Irrelevanz des Religiösen,
das dem Christentum in seiner biblischen Tradition unerträglich sein
muss. Der Gott der Bibel kann nicht die Sinnfragen heutiger Menschen beantworten, ohne sie zugleich in die Visionen von Befreiung
und Gerechtigkeit hineinzuziehen. Damit aber treibt Gott Menschen in den Widerspruch zu einer gesellschaftlichen Realität, in der
Wohlstand immer ungleicher verteilt ist, die indifferent zu sein
scheint gegenüber der Verelendung weiter Teile der Welt, in der
jährlich alleine in Deutschland einer viertel Million Kinder das
Recht, in dieser Welt zu leben, verweigert wird, in der die Agenten
des medizinisch-technischen Kommerzes ein eigenes Lebensrecht
von Embryonen generell in Abrede stellen.

Dieser Widerspruch ist notorisch und spielverderbisch. Er
weckt den Verdacht, JHWH sei ein lebensfeindlicher Gott. Das aber
trifft genau nicht zu: Gottes Gegnerschaft gegen Ägypten ist nicht

motiviert durch seine Abneigung gegen Wohlergehen, sondern durch seine Feindschaft gegenüber verweigerter Gerechtigkeit. Das von JHWH inspirierte Handeln bringt die Verweigerung von Gerechtigkeit bis zur absoluten Unerträglichkeit zu Bewusstsein.

Wer teilhat an dieser Inspiration des Gottes der Bibel, gewinnt auch Anteil an dieser spezifisch christlichen *Gegnerschaft zur Welt*. Diese ist immer in der Gefahr, sich mit dem Abstrakten, mit einer allgemeinen *fuga saeculi* (Weltflucht) zu begnügen. Wenn aber die Negation Gottes gegenüber dieser Welt sowohl im Exodus als auch bei den Propheten gerade motiviert war durch seine Bejahung eines jeden Menschen, dann ist für die christliche Biographie nichts giftiger als eine allgemeine, abstrakte Negation der Gegenwart, die sich im allgemeinen Gejammer über die Sittenverderbnis gefällt. Die Teilhabe am Zorn Gottes kann sich nicht anders ereignen denn als *Teilhabe an Gottes leidenschaftlicher Liebe*, in der er das Leben jedes Menschen ermöglichen und tragen will, in der er es nicht duldet und nicht erträgt, dass einer verloren geht. Die Teilhabe am Zorn Gottes ist so *Suche nach den konkreten Negationen*, ist Aufdecken der präzisen Missstände, Anleitung zur nützlichen und effizienten Opposition.

Die Visionen der Apokalypse von der Vernichtung der Welt wurden nicht aus dem larmoyanten *taedium vitae* (Lebensüberdruss) derer geboren, die alles außer dem finalen Untergang schon konsumiert haben. Sie wurden geboren aus dem Schmerz derer, die nicht ertragen konnten, dass die biblischen Visionen vom Lebensrecht jedes Menschen im Angesicht des alle befreienden Gottes gebeugt wurden durch die herrschenden Religionen der Macht und des Geldes. Die alte Sequenz „*Dies irae, dies illa*" wurde aus der Liturgie der katholischen Kirche verbannt. Zu unerträglich schien das „*solvet saeculum in favilla*". Dabei wurde jedoch verdrängt, dass dieses „saeculum" nicht die Welt als Lebensraum meint, sondern die *Weltordnung in dieser Zeit*. Deren Untergang aber, deren Endlichkeit, deren Begrenztheit ist immer auch eine trost- und hoffnungsvolle Botschaft für die, die diese Ordnung der Welt nicht einfach nur lebenswert finden können, sondern die unter ihren lebenverhindernden Strukturen leiden. Das „solvet saeculum" spricht von der Hoffnung, dass die scheinbar ehernen Gesetze, nach denen Reichtum und Armut, Verschuldung und Überfluss verteilt werden, eben nicht ehern und ewig sind, dass sie vielmehr aufgelöst werden durch die Macht Gottes. Diese Botschaft ist von ihrem apokalyptischen Ursprung an immer politisch gewesen. Sie stand einerseits gegen die gewalttätige Militanz der Makkabäer und Zeloten, andererseits aber auch gegen den Opportunismus derer, die den Gott Israels in der Kollaboration mit Hellenisten und Römern verrieten. Die politische Essenz der Apokalyptik besteht in ihrer *aufmerksamen, wachen Grundorientierung an der Vergänglichkeit des Unrechts und der falschen Weltordnung.*

Wer im Lichte einer solchen wachen Orientierung an dem von Gott gewollten Untergang der Unrechtsstrukturen die Welt deutet, sucht nach Chancen des von Gott gewollten Lebens der Gleichheit, der Gerechtigkeit inmitten der bedrückenden Unrechtswirklichkeiten. Solche Chancen dürfen genutzt werden, weil die apokalyptische Botschaft, dass Gott der Untergang jener Strukturen sein wird, die ihm entgegenstehen, Hoffnung macht, der Einschüchterung durch die Übermacht entgehen zu können. Genau das aber ist das Programm der asidäischen Apokalyptiker gewesen: Gerechtigkeit zu realisieren und sich nicht anzupassen an die scheinbar übermächtigen gesellschaftlichen Verhältnisse. Darin liegt der praktische Hoffnungsgehalt der apokalyptischen Katastrophenvisionen.

e) Gott richtet die Welt

In der Metapher des Gerichtes verbindet sich das prophetische Motiv der Gegnerschaft Gottes gegen die Welt mit dem weisheitlich-schöpfungstheologischen Gedanken der Herrschaft Gottes über die Welt und der apokalyptischen Erwartung, dass Gott diese verborgene Herrschaft durchsetzen wird. Souveränität und Vollmacht Gottes im Gericht drängen dabei das Motiv des Zornes zurück. Der Richter bedarf nicht des Zornes, seinen Anordnungen Nachdruck zu verleihen. Der Richtergott ist nicht der kämpfende Gott. Seine überlegene Macht und Strafgewalt lassen auch die menschlichen Rachegelüste verstummen. Im Horizont der weisheitlichen und der apokalytischen Gerichtserwartung tritt das Zorn-Gottes-Motiv in den Hintergrund.

Die Metapher des Gerichts artikuliert die Glaubensüberzeugung, dass die Negativität Gottes zur Welt hingeordnet ist auf die Rettung der Welt als eines Lebensraumes für solche Menschen, die sich an der Gerechtigkeit Gottes ausrichten.

Die Metapher des Gerichtes thematisiert nicht kollektive und universale Unordnungszustände, sondern partikulare, einzelne, die als solche behebbar sind. In der Offenbarung des Johannes findet konsequenterweise das *iudicium universale* erst statt, nachdem die apokalyptischen Schrecken und chaotischen Unheilszustände durchlitten sind (Offb 20,11–14). Als ein finaler Akkord schafft das Gericht die endgültige Möglichkeit für ein Leben, das der Autor der Apokalypse in der Metapher der Gottesstadt entfaltet (Offb 21): die Gottesstadt verbindet den Frieden unter den Menschen (Offb 21,27) mit dem Frieden zwischen Gott und den Menschen (Offb 21, 3), der im alten priesterschriftlichen Motiv des Wohnens Gottes unter den Menschen gestaltet wird.

Darin entspricht das biblische Gerichtsmotiv der kulturgeschichtlichen Funktion des Gerichts: Das Gericht dämmt die Blutrache und damit die epidemisch grassierende Gewalt ein und ermöglicht so erst das Zusammenleben der Menschen, eben die Stadt und damit alle ihre kulturellen Errungenschaften. Das Gericht ist das Ende des Zorns in seiner Rationalisierung. Seine Möglichkeitsbedingung ist die dem Gericht zugesprochene Macht. Genau dieser Umstand macht das Gericht theologisch zu einem eschatologischen Motiv: Gott wird sich die Macht am Ende der Zeiten nehmen. Die rationalste Antwort der Theologie auf die Unordnung und die Gewalt in der Welt ist damit aber zugleich eine solche, die die Gegenwart eigenartig ausblendet. Das Leiden am Unrecht der Gegenwart muss erträglich werden durch die Vorfreude auf den Tag des Gerichts, an dem Gottes Macht keinen Zweifel mehr zulassen wird darüber, wer der Herr der Welt ist, an dem sein Gericht so fraglos ergeht über jeden Übeltäter, dass die Frommen sich schon wieder dem Gedanken einer Fürbitte für die Gewalttäter hingeben können. Diese Dynamik der Fürbitte für die Gewalttäter, die aus der fraglosen Übermächtigkeit des göttlichen Richters resultiert, wirkt bis in jene theologischen Bemühungen der letzten vierzig Jahre hinein, die auf die „Abschaffung" der Hölle hinwirkten: Zu erbarmungslos schien die fraglos allen Übeltätern drohende ewige *poena damni*, der Ausschluss von der himmlischen Herrlichkeit auf ewig, dass der Gläubige nicht doch nach Wegen gesucht hätte, seine Hoffnung für *alle* Menschen im Sinne von Tim 2,4 auch innerhalb der Lehre von der ewigen Höllenstrafe noch zu artikulieren, etwa in der vielseitig vorgetragenen Spekulation, es müsse sicherlich die ewige Höllenstrafe um der Gerechtigkeit Gottes willen geben, es sei aber der Barmherzigkeit Gottes wegen wohl auch zu hoffen, dass die Hölle leer sei.

Diese Spekulation hat ihre Wurzel darin, dass das Gerichtsdenken Moment am Vollzug der gläubigen Hinordnung auf Gott ist. Diese gläubige Hinordnung auf den Schöpfer einer guten Welt, der den Menschen durch seine Gnade in die Unmittelbarkeit zu sich selbst hinzieht, verträgt sich nicht mit einer zynischen oder skeptischen Akzeptanz des vom Menschen verursachten Unheils. Der Glaube will dessen Beendigung ebenso wie die Umkehr der Täter. Die Erde als Gottes guter Lebensraum muss wiederhergestellt werden. Dies ist aber nur möglich, wo diejenigen umkehren, die „die Erde verderben" (Offb 11,18). Gottes Lebensraum kann nicht nur als *bonum physicum* wiederhergestellt werden. Mehr noch als durch seine physischen Übel wird der menschliche Lebensraum entstellt und pervertiert durch die verweigerte Gemeinschaft derer, die diesen Raum begreifen als den Ort ihrer kompromisslosen Selbstbehauptung gegen alle anderen.

Das Gericht verurteilt und straft immer mit dieser doppelten Zielsetzung: Der Unrechtstäter soll ablassen von seinem gemeinschaftsbrüchigen Tun. Er soll dies aber, indem er seine Schuld einsieht und innerlich umkehrt. Das Gericht intendiert immer die gewaltsame Herstellung des Rechtszustandes. Dieser aber schließt auch den Täter noch ein und ermöglicht auf diese Weise, in die Rechtsgemeinschaft zurückzukehren, indem er das Urteil über sich selbst akzeptiert und die Strafe bejaht als die ihm gemäße Behandlung.

Die Darstellung der alttestamentlichen Sühnetheologie hat gezeigt, dass auch das alttestamentliche Sündopfer dieser Logik folgt: Der Opfernde vollzieht im Opfer das, wozu der Verurteilte durch richterliche Gewalt gezwungen wird: Er bekennt sich zu seiner Schuld und bejaht im Opfer den Vollzug der Strafe, der aber zugleich Widerfahrnis der vergebenden, weil die Gemeinschaftsfähigkeit wiederherstellenden Gnade Gottes ist.

f) Jesus, der Bote des Gerichts und der kommende Richter

Als Bote des Gerichts deckt Jesus die katastrophische Zukunft aller gegen Gott gerichteten Strukturen auf: Der Tempel als das durch Opportunismus und Kollaboration endgültig depravierte Symbol der unter den Menschen lebenden Herrlichkeit Gottes wird vernichtet (Mk 13,1). Wie bei den alttestamentlichen Propheten sieht Jesus chaotische Zustände kommen, in denen nicht nur die korrumpierten Institutionen weggefegt werden. Mit ihnen werden schuldige und unschuldige Menschen leiden. Auch Jesus sieht realistisch, dass die Folgen des Zusammenbruches gesellschaftlicher Ordnung nicht alleine die Verantwortlichen treffen. Jesus empfiehlt seinen Jüngern die Bereitschaft zur rechtzeitigen Flucht (Mk 13,14), darin die Logik des Baruchorakels bei Jeremia aufnehmend: Wenn alles in jenem Chaos versinkt, das seiner Gottwidrigkeit gemäß ist, bleibt dem Einzelnen nur, das eigene Leben zu retten. Diese Perspektive entspricht dem heilenden und rettenden Handeln Jesu Einzelnen gegenüber. Der Einzelne hat die Chance, sich der von Gott her kommenden Lebensmacht zu öffnen. So kann er weder Volk noch Stadt noch Tempel retten, dem Einzelnen gilt vielmehr die Verheißung der *Basileia*. Damit eröffnet sich ein sonderbarer, die Christentumsgeschichte beschäftigender Widerspruch: Der Zentralbegriff der Verkündigung Jesu, Gottes Königreich, bezeichnet eine politische Größe. Das zeichenhafte Heilshandeln Jesu und seine im engeren Sinne apokalyptische Predigt handeln aber vom individuellen Heil und dem kollektiven Untergang. Die Kirche als das neue Kollektiv derer, die ihre herkömmliche Volks- und Religionsbindung aufgegeben haben, ist „*ekklesía*"-Gemeinde, entstanden durch das *Herausgerufensein*.

Mit der Individualisierung der Heilsperspektive verbindet Jesus die Absage an den individualisierten Tun-Ergehen-Zusammenhang. Gott erscheint in der Verkündigung Jesu nicht als derjenige, dessen Negativität gegenüber der Welt sich realisiert als rächender Kampf gegen den einzelnen Sünder. Jesu Heilungshandeln torpediert die theologische Rechtfertigung der Krankheit als Strafe. Jesu Umgang mit Sündern boykottiert die soziale Bestrafung von Sündern. Jesus wehrt sich gegen die Metaphorik eines berechnend Strafe und Lohn zuteilenden Gottes. Das Johannesevangelium empfindet diesen Charakterzug der Predigt Jesu treffend nach, wenn es Jesus im Disput über die Frage, ob ein Blindgeborener für seine eigenen oder die Sünden seiner Eltern bestraft wird, erklären lässt: „Weder er noch seine Eltern haben gesündigt., sondern das Wirken Gottes soll an ihm offenbar werden" (Joh 9,3). Gott führt nicht wie in der Fiktion des Ijobbuches Krieg gegen einzelne Menschen. Er teilt ihnen nicht zu nach ihren Werken, schon gar nicht misst er dem vermeintlichen Sünder sein Leid zu. Vielmehr steht Gott als die Lebenskraft offensiver, heilender Reinheit gegen alle Krankheit und Einschränkung des Lebens.

Dieser göttliche Kampf für das Leben aber ereignet sich in einem Kontext des Widerspruches gegen Gott, der sich steigern wird bis zu kollektiven Vernichtungsereignissen, die Jesus kommen sieht. Er selber fällt dem Widerstand der Welt gegen Gott zum Opfer.

Die Passion Jesu wird für die ersten Christen zu dem Ereignis, das die Maßstäbe des Erkennens grundstürzend verändert. Dies kann nicht einfach das Resultat einer Hinrichtung sein, denn in der Logik der Hinrichtung liegt es, dass sie keinesfalls Maßstäbe verändert. Sie bestätigt und verfestigt vielmehr die Maßstäbe und Standards, in deren Namen die Hinrichtung vollzogen wird. Dieses Ereignis muss gegen den Augenschein des endgültigen Widerlegtseins die Überzeugung durchgesetzt haben, dass der Hingerichtete in völlig unerwartbarer Weise von Gott bestätigt wurde und mit seinem Zeugnis und seinem Bekenntnis weiterwirkt. Die Hinrichtung wurde dem Hingerichteten zum Beginn eines von Gott her kommenden Lebens. Gott setzt sich gegen den Sieg der Unheils- und Unrechtsmächte durch. Im Kreuz offenbart sich Heil statt endgültigen Scheiterns. Das Kreuz wird zum Symbol der paradoxen Wirksamkeit Gottes, der rettet, indem er scheinbar scheitern lässt.

Auf der Grundlage dieser Erfahrung wurde es für Johannes möglich, den Kreuzestod Jesu als Gericht Gottes über die Welt zu deuten: Die letzte öffentliche Rede Jesu enthält nach einer Zäsur, die durch das Theophaniemotiv des Donners markiert wird (Joh 12,29), die programmatische Sentenz: „Jetzt wird Gericht gehalten über diese Welt; jetzt wird der Herrscher dieser Welt hinausgeworfen" (Joh 12,31). Jesus hat sich schon vorher im Johannesevangelium als der von Gott eingesetzte Richter des Kosmos offenbart (Joh 5,22.27). Jesu Gericht ist hinsichtlich seines Inhaltes Gericht gemäß dem Willen des Vaters (Joh 5,30). Was das bedeutet, erklärt Joh 12,33. Der Vers stellt eine direkte Verbindung zwischen dem Motiv der Erhöhung und dem Kreuzestod her. Die Erhöhung aber ist wiederum auf das Motiv des Gerichts bezogen (Joh 12,32). So kommt es zu der paradoxen Aussage, dass der erhoffte eschatologische Herrschaftsantritt Gottes, mit dem die Macht der gegen Gott stehenden antagonischen Kräfte in der Welt endgültig gebrochen wird, sich ereignet als das tödliche Gericht über den eschatologischen Richter. Der johanneische Jesus wird nach seiner Auferstehung den eigenen Tod als das erfolgreiche eschatologische Gericht deuten und erklären, dass die Wahrheit der Einsicht in den erfolgreichen Charakter des Gerichtes durch den Parakleten vermittelt werden wird (Joh 16,8.11): Das Gericht des Kreuzes war der Herauswurf des „Herrschers dieser Welt". Als solches wird es aber nur unter dem Beistand des Parakleten erkannt, das heißt *im Raum des Glaubens*, des Bekenntnisses zu Jesus als dem Christus. Wo dieses Bekenntnis das Leben bestimmt, da herrscht die Einsicht in den Heilscharakter des Kreuzes, da haben Menschen jene transzendentale, die Horizonte des Deutens und Verstehens revolutionierende Erfahrung gemacht, dass Gott in der Welt siegt, indem er verliert, dass er diejenigen, die er sammelt zu seiner Gemeinde, inspiriert, sich auf diese Logik einzulassen, dass der Sieg Gottes gegenüber der Welt, seine endgültige Selbstdurchsetzung darin besteht, dass er auf diese Selbstdurchsetzung verzichtet. Gott wirft den Herrscher dieser Welt aus der Welt, indem er sich selber hinauswerfen lässt. Die Gestalt seiner Präsenz nach dem Herauswurf ist diejenige des Parakleten. Durch den Parakleten sammelt er die Menschen, die den transzendentalen Bruch, die epistemologische Revolution mitvollziehen, im Gescheiterten das Siegreiche erkennen zu können. Soll diese johanneische Spekulation mehr sein als eine ästhetische Spielerei, soll vielmehr die Ästhetik der Paradoxie als Wahrheit erkannt werden, so ist dies nur möglich, wenn der aus der Welt Verdrängte in der Wirklichkeit Gottes nicht nur der Verdrängte ist, der ohnmächtige, leidende Gott, sondern wenn aus der Wirklichkeit Gottes heraus eine machtvoll belebende und verwandelnde Dynamik gegenüber der Welt spürbar wird. Das Auferstehungs- und das Pfingstbekenntnis bezeugen diese verwandelnde und belebende *dýnamis* Gottes. Sie ist eine die Wirklichkeit verwandelnde Macht Gottes, die allerdings nicht am Kreuz vorbei und unter Absehung vom Kreuz wirkt. Der Herr dieser Welt, die antagonischen Kräfte der Wirksamkeit gegen Gott, werden nicht anders besiegt und gerichtet, als indem ihr scheinbarer Sieg am eigenen Leibe erlitten wird. Das ist die Wahrheit des göttlichen Gerichtes über die Welt, die der Paraklet aufdecken wird (Joh 16,8).

Die Jesus-Offenbarung revolutioniert das apokalyptische Gerichtsverständnis: Gott setzt sich im Gericht gegen die gegen ihn stehende Welt durch, er richtet diese Welt. Dies geschieht jedoch nicht als Akt der Überlegenheit legitimer Gewalt, sondern paradoxerweise im Durchleiden des eigenen Unterworfenseins unter die illegitime Gewalt. Dies ist die bittere Seite der angeblichen Frohbotschaft, dass Gott nicht richte und nicht strafe. Es ist die bittere Erkenntnis, dass Gott straft und richtet, indem er die Gerechten das Gericht der widergöttlichen Welt erleiden lässt und sich ihnen gegenüber gerade darin als der erweist, der den Herrn der Welt hinauswirft. In der durchlittenen Schwäche erweist sich die Überlegenheit der göttlichen Stärke, im zynischen Erhöhtsein des Gekreuzigten ereignet sich die göttliche Sammlung (Joh 9,32).

Mit den Evangelien bekennt das kirchliche Glaubensbekenntnis

den Gerichteten als den kommenden Richter.[3] Mit Recht wurde
immer darauf hingewiesen, dass das kommende Gericht die Wesens-
merkmale des Gerichteten tragen werde. Mit Recht hat man auf
Jesu Praxis der Sündenvergebung als Grund der Zuversicht hinsichtlich des Gerichtes Christi betont hingewiesen. Wenig wurde bis-
her beachtet, dass die paradoxale Auslegung des Gerichtsbegriffes
durch Johannes Auswirkung auf das christliche Reden auch vom
eschatologischen Richten Jesu haben muss. Nicht zuletzt wegen
ihrer häufigen ikonographischen Rezeption dürfte die Szene vom
Weltgericht in Mt 25,31–46 das christliche Gerichtsdenken am nach-
haltigsten bestimmt haben: Eschatologisches Gericht bedeutet hier
das Schaffen klarer Verhältnisse anlässlich der Parusie des Men-
schensohnes. Das Johannesevangelium zieht dagegen das Richten
Gottes in die *Zweideutigkeit* der weltlichen Verhältnisse. Damit entspricht es der präsentischen Eschatologie Jesu: Gottes eschatologisches Handeln hat in Jesus Christus begonnen. Es setzt sich fort als
Prozess der Scheidung, der *krísis*, also des *Gerichts*. Das Reich Gottes steht in einer antagonischen Welt mit seiner Botschaft der rettenden und vergebungsbereiten Liebe Gottes als der Grundlage
eines erneuerten, grundstürzend verwandelten Lebens, das zur Bil-
dung einer neuen Gemeinschaft führt, die genau dies bezeugt: die
unterscheidende, rettende und verwandelnde Macht Gottes, an der
aber auch Menschen ihre eigene Widerständigkeit gegen Gott erleben und durchleiden müssen.

Das in Jesus Christus offenbar gewordene Heil ist spezifisches
Heil. Es trägt den Charakter seines Ursprungs von Jesus her. Es ist
machtvoll sich durchsetzende Lebensfülle Gottes, die aber unter
dem Gesetz ihres Angefeindetseins weiterhin steht. Dieser Anfein-
dung gegenüber setzt sie sich nicht mit den Mitteln der Macht und
der Gewalt durch, sondern *‚more Dei‘*, wie es in Jesus Christus offenbar wurde: sammelnd, inspirierend, Gewalt überwindend, ver-
trauend auf die größere Macht Gottes gegenüber den vernichtenden Mächten dieser Welt. Die Größe der Macht Gottes nämlich hat
sich in der Auferweckung Jesu erwiesen als seine *dýnamis*, Leben
neu zu erwecken. Mit dieser Macht steht Gott *spezifisch* gegen alle
Mächte und Gewalten, deren Macht immer darin besteht, mit dem
Tod zu drohen oder ihn zu vollstrecken. Gottes Macht ist nicht die
Vollstreckung des Todes, sondern die *Unbesiegbarkeit des von ihm
kommenden Lebens*.

---

[3] Das Nicäno-Konstantinopolitanum verknüpft Passionsbericht und Gerichtserwartung auf das Engste in einem Relativsatz: DH 150.

Gottes Gericht über die Welt als seine sich durchsetzende *dýnamis*, in der er seine *Gerechtigkeit* unter den Menschen als die neue Lebensordnung aufrichtet, bleibt nicht unwidersprochen. Es entspricht der spezifischen Weise dieses Gerichtes, dass die Gerichteten das Gericht annehmen müssen: Ohne *Glauben*, ohne die Bekehrung zu dem epistemologischen Bruch, der befähigt, im Gehängten den Sieger zu sehen, ohne *pístis Iesoū Xristoū*, ohne den Glauben an den *Gekreuzigten* gibt es kein Durchdringen zu dem von Gott gewollten Leben als dem Inbegriff des von ihm geschenkten Heils. So bleibt das Heil des Evangeliums in der *Zweideutigkeit seines Infragegestelltseins*. Wo der Mensch sich der Logik dieses Heils nicht öffnet, wo er festhält an der Logik der Gewalt, gewinnt er nicht Anteil an der Gerechtigkeit Gottes, die offenbar wird „aus Glauben zum Glauben" (Röm 1,18), er verbleibt vielmehr im Schattenbereich dieses von Gott her kommenden Lichts, im Bereich der „Ungerechtigkeit der Menschen, die die Wahrheit durch Ungerechtigkeit niederhalten". Diesen Bereich nennt Paulus in Röm 1,18 die *orgé theoū*, den Zorn Gottes. Gerechtigkeit Gottes als Gottes endzeitlich rettendes Handeln und Zorn Gottes als die Frucht unbelehrbarer Verweigerung des rettenden Glaubens werden synchron von Gott „offenbart" (Röm 1,17f.).

Das eschatologische Gericht ereignet sich also als *präsentisch eschatologische Scheidung*. Es ist Kraft Gottes zur Gerechtigkeit Gottes, machtvolles Sichdurchsetzen Gottes gegen die widergöttlichen Mächte der Welt. Es ist Sammlung, damit aber notwendig auch Scheidung, damit notwendig Gericht. Im Lichtkegel des spezifischen Heils, zu dem Gott inspiriert, wird um so dramatischer das Schicksal derer deutlich, die sich dem Heil verweigern. Sie leiden unter der Macht, mit der Gott sich durchsetzt. An ihnen wird der Zorn Gottes offenbar.

Wenn der Zorn Gottes aber eine präsentisch-eschatologische Größe ist, dann ist er eine Größe der Kirche und muss als solche bedacht werden.

g) Der Zorn Gottes im Leben der Kirche

Am Beispiel Jesu entfaltet sich die Dramatik des Antagonismus von Gott und Welt: Gott will das Heil aller Menschen. Er treibt Jesus wie Jeremia in den Zorn über die menschliche Verweigerung. Er inspiriert Jesus dazu, die Gewalt der menschlichen Verweigerung zu durchleiden. Darin erfährt Jesus die größere Lebensmacht Gottes, die aus dem aufgezwungenen Tod in eine neue Qualität des Lebens führt, in der Jesus verbunden ist mit der alle Menschen suchenden Liebe Gottes. Grundsätzlich ist damit zu rechnen, dass diese Abfolge menschlicher Reaktionen und Erfahrungen angesichts des dynamischen Antagonismus von Gott und Welt nicht nur die Biographie Jesu kennzeichnen, sondern dass sie prägend ist für das Leben eines jeden Christen, dass sie gar Stufen christlicher Existenz bezeichnet. Christliches Leben ist zu verstehen als an der *forma Christi* gebildete Existenz. Es enthält immer die Dimensionen der begeisterten Freude über Gottes Nähe, Macht und Zuwendung, die Blinde sehen macht, Lahme gehen, die Armen die frohe Botschaft bedeutet. Christliche Existenz würde jedoch zur zynischen Garnitur einer Welt der brutalen Gewalt und der lebenverunmöglichenden Übermacht, träte sie nicht auch in die *Phase des Widerstandes*, der Empörung, des politischen Kampfes gegen Strukturen und Zustände, die dem Reich Gottes entgegenstehen. Diesem Kampf ist in der Gestalt Jesu kein schneller und schmerzloser Sieg beschieden. Vielmehr wird die größere Macht Gottes nur erfahren als die *andere* Macht, die das Unterliegen im Kampf gegen die Mächte dieser Welt einschließt. Die Rettung dessen, der Jesus von den Toten auferweckt und ihn in seiner Kirche zu einer Wirksamkeit führt, die der galiläische Wanderprediger selbst in der *Hoch*-zeit seines Erfolges nicht im Entferntesten erreichen konnte, setzt das Sterben im Widerspruch zu einer Welt der Gewalt und der lebenverunmöglichenden Macht voraus.

Wenn diese Stufen der Entwicklung des Antagonismus von Gott und Welt in der Biographie Jesu kennzeichnend sind für jedes Leben, das sich an dem Vorbild Jesu orientiert, dann kennzeichnen sie auch das kirchliche Leben. Kirchliches Leben wird dann nicht verstehbar nach dem Vorbild einer ideologischen Vereinigung, eines Vereins oder einer Partei, in der Menschen mit möglichst gleichen Ideen sich zusammenfinden, um ihren Vorstellungen Geltung zu verschaffen. Kirche ist *Teilhabe an der mystischen Biographie Gottes* mit der Menschheit. Diese Biographie ist dynamisch, sich entwickelnd. Sie kennt Stufen, die einander ausschließen und die dennoch zu der einen Biographie gehören. Glaube in diesem Sinne kann sich nur als personaler Erfahrungs- und Lernprozess ereignen. Daraus ergibt sich für die Kirche das Programm der *Gleichzeitigkeit des Ungleichzeitigen*: Menschen durchleben und durchleiden in ihr Gestalten und Phasen der Biographie Jesu als Gestalten der Biogra-

phie Gottes mit der Menschheit. Zu dieser mystischen Biographie
gehört auch die Gestalt des Zornes, aber auch die Gestalt der Hi-
neinnahme des Zornes in die Gestalt einer opferbereiten Liebe, die
lernt, dass die Rebellion gegen Gewalt und missbrauchte Macht nur
in der Bereitschaft zum Verzicht auf Gewalt und Machtmissbrauch
erfolgreich ist, indem sie zunächst scheitert, um sich ganz der rettenden Aktivität Gottes zu überlassen.

Die Gleichzeitigkeit des Ungleichzeitigen kann unter dieser Perspektive eine wichtige Leitidee kirchlichen Selbstverständnisses sein:
Die Kirche fördert die Empörung und übt den Zorn ein, lehrt jedoch
auch seine Aufhebung in eine Liebe, die den Zorn noch einmal umfasst. Kirche muss gedacht werden als Ermöglichung eines personalen Wachstums im Antagonismus von Gott und Welt, in dem Gott
den Menschen hineinziehen will in seine Geschichte mit der Welt.
Auf diese Weise gewinnt der Mensch Anteil an Gott und seinem
Heil, das so *salus specificum* ist, nicht irgendein Paradies, sondern
„das Große, das Gott denen bereitet, die ihn lieben" (1 Kor 2,9).

Gottes Heil für die Menschen ist zunächst Befreiung von Behinderung, Sünde, Desintegration, Befähigung zu einem aktiven, tätigen Glauben, Berufung zum *Subjektsein*. Subjektsein ist per se
immer schon gottgewollt, aber Gottes Wille erschöpft sich nicht
im Subjektsein. Subjektsein-Können ist die Möglichkeitsbedingung jener weiteren Orientierung, die zunächst erfordert, dass der
Mensch die Menschheit als Einheit begreift. Der zornige Jesus lässt
sich betreffen vom Widerstand der Menschheit gegen Gott. Er gibt
sich nicht damit zufrieden, dass sein Gottesverhältnis ja gelungen
ist. Die Hinwendung zu Gott sensibilisiert für die Perspektive Gottes, die das Heil *aller* Menschen verfolgt. Damit aber gerät der
Christ notwendig in den Widerspruch zu einer Menschheit, die
immer auch verführt ist, sich gegen Gott zu behaupten. Im Durchleiden dieses Widerspruches, in der Rebellion vertieft sich die Identifikation mit den Zielen Gottes. Sie vollendet sich, wo die Rebellion im Vertrauen auf Gott aufgeht in die Bereitschaft um der
Menschheit willen, das eigene Scheitern zu durchleiden im Vertrau-
en auf die Tätigkeit Gottes. Mit diesem Akt der Bereitschaft zur
Hingabe wird die *Einswerdung mit der Menschheit* bejaht. Das Ankommen Gottes in der einen Menschheit wird zu dem Ziel, das alle
persönlichen Hoffnungen und Ziele überragt. Das Heil der göttlichen Auferweckung erfüllt geschenkweise denjenigen, der für sich
zu hoffen aufhörte, indem er gänzlich für die anderen zu hoffen
begann.

Das von Gott her kommende Heil überwindet in seiner spezifischen Gestalt, die Rebellion, Widerstand, Unterliegen und Auferweckung umschließt, die Perspektive des Individualismus. Eine solche Überwindung des Individuums, auf das alle Erfüllungsträume einer kapitalistischen Warenwelt hinorientiert sind, war nicht mit den moralischen Appellen der sechziger und siebziger Jahre des vergangenen Jahrhunderts möglich. Angst und Sorge binden kraftvoll das Individuum an sich selbst und die dürren Verheißungen einer Erfüllung des eigenen Ichs mit Glück und Seligkeit. Die Sprengung dieser engen Grenzen des Ichs darf nicht von Sollenssätzen erwartet werden, sondern ist nur denkbar als das Resultat eines biographischen Prozesses des Hineinwachsens in die Gestalt Jesu Christi. Dieses Hineinwachsen wird nicht durch ein vitales Über-Ich ermöglicht, sondern durch Gott selber. Glauben wird nicht anders als durch Gnade vermittelt. Gnade aber vermittelt sich unter anderem auch durch die Gestalten, die der Glaube in der Kirche annimmt, und durch deren zeichenhafte und symbolische Repräsentanz.

h) Gottes Zorn und die Theologie der Erbsündenfolgen

In seiner Auseinandersetzung mit der Hochschätzung der sittlichen Freiheit durch den antiken Asketen Pelagius präzisiert sich für Augustinus die Wahrnehmung der eigenen Glaubensgeschichte als eines von ihm nicht steuerbaren Prozesses der Entwicklung unter der Begleitung, Leitung und dem Beistand Gottes. Augustinus deutet die eigene Unwilligkeit und Unfähigkeit zum Guten, die er im Lichte ihres Überwundenseins rückblickend als Charakterzüge seines Wesens erkennt, als ontologische Vorgegebenheit, aus der der Mensch sich nur unter Gottes Hilfe erhebt. Diese ontologische Vorgegebenheit des Widergöttlichen ist schwerlich auf den guten Schöpfer selbst zurückzuführen, wird aber auch nicht erfahren als persönliche Schuld des Einzelnen, der sich in der Situation der Gottwidrigkeit ja gerade nicht als frei und willensmächtig erlebt. So bildet Augustin den Gedanken, die eigene Gottwidrigkeit hafte dem Menschen nach Art einer genetischen Disposition an. Die biblische Belegstelle der Erbsündentheologie ist Röm 5,12. Dort bereits findet sich die Verknüpfung von Sünde und Tod: „Durch einen einzigen Menschen kam die Sünde in die Welt und durch die Sünde der Tod [...]." Diese Verknüpfung folgt einer symbolischen Schlüssigkeit: Gott und seine Heiligkeit, denen Menschen durch ihre Reinheit entsprechen, bedeuten das Leben und alles Lebensfördernde. Die Abkehr von der Reinheit bedeutet die Selbstauslieferung an den Tod. Thomas von Aquin wird diesen Grundgedanken in seiner Theorie einer vierfachen Verwundung (*vulneratio*) der menschlichen Natur durch die Erbsünde entfalten: Der erbsündige Mensch ist in seiner Intellektualität, in seinem Willen, seiner Erregbarkeit und seiner Begehrenskraft geschwächt. Er ist schwach an Einsicht, neigt zum Bösen und zur Feigheit, ist taumelnd in seinem Begehren.[4]

Die Erbsündenfolgen haben mit der prophetischen Gerichtsmotivik gemeinsam, dass hier wie dort unterschiedslos alle Menschen von einem Schicksal getroffen sind, das seinen Ursprung in der Sünde des Menschen hat.

Als der von Gott getrennte leidet der Mensch an sich selbst. Er kann die eigene Getrenntheit vom Quell des Lebens als Daseinsminderung erleben. Dieses Erleben nimmt mit der Hinkehr zu Gott zu, erfährt der Mensch doch gerade in der Hinkehr zu Gott die Inadäquatheit seiner Vermögen. Umgekehrt kann der Mensch in der Abkehr von Gott versuchen, sich sein eigenes Ungenügen an sich selbst zu verbergen.

Die Lehre von der Erbsünde und ihren Folgen trägt die Dramatik der Beziehung zwischen Gott und seiner Welt in das Subjekt selbst hinein.

2. Wie vom Zorn Gottes reden im Bekennen und Verkündigen der Kirche?

Im Gefängnis als Opfer menschlicher Hybris, Dummheit und Vermessenheit hat Dietrich Bonhoeffer gegen alle Theologie geschrieben, die Profit daraus schlagen will, dem Menschen seine Mündigkeit in der weltlichen Welt „madig" zu machen.[5] Eine Theologie der Einschüchterung, die darauf abzielte, dem Einzelnen Angst vor seiner Freiheit einzuflößen, findet keinen biblischen Anhalt. Ijob und Kohelet schneiden die gerade Linie ab, mit der das weisheitliche Denken dem Ungenügen an der kollektiven Strafe in den Prophetenbüchern entgegenwirkte, indem es einen individuellen Tun-Ergehen-Zusammenhang behauptete. Fruchtbar wurde allerdings der spätweisheitliche Gedanke, die individuelle Schlüssigkeit des

---

[4] Sth I–II, q. 85.
[5] D. Bonhoeffer, Widerstand und Ergebung. Briefe und Aufzeichnungen aus der Haft, hrsg. v. E. Bethge, München N1970, S. 379.

Tun-Ergehen-Zusammenhanges werde von Gott nach dem Tod des Einzelnen hergestellt. Dieser Gedanke vollendet die Tun-Ergehen-Logik und beendet zugleich die Zorn-Thematik, denn im individuellen eschatologischen Gericht ist für Zorn kein Platz mehr. Ja, angesichts der Übermacht des Richters und seiner Gewalt steigt im gläubigen Bewusstsein das Begehren nach Gnade und Vergebung auf.

So erweist sich sowohl innergeschichtlich und eschatologisch das Motiv des Gotteszornes als nicht-individuell.

Auf zwei Ebenen ist biblisch von einer Notwendigkeit der Rede vom Gotteszorn auszugehen:

(1) in der politischen Theologie der christlichen Stellungnahme zu gesellschaftlichen und politischen Entwicklungen
(2) in der theologischen Anthropologie als einer Phänomenologie des Menschseins im Angesichts Gottes.

In der politischen Theologie muss es darum gehen, die katastrophalen Folgen konkreter gesellschaftlicher Entwicklungen zu benennen, da, wo sich diese Entwicklungen gegen Grundintuitionen der jüdisch-christlichen Geschichte mit Gott richten.

Im Kontext neu aufblühender Polytheismen und Synkretismen sowie deren soziobiologischer Legitimation gilt es, den Gott der Bibel als fordernden Gott ins Spiel zu bringen, der das Leben der Menschen nicht bestätigen, sondern mit dem Anspruch einer weltverändernden Ethik der Solidarität, der Mitmenschlichkeit, der Sorge füreinander verändern will. Wer diesen Gott als den Schöpfer bekennt, spricht allen anderen Konzepten menschlicher Gesellschaft die Chance ab, auf Dauer zu existieren und menschliches Leben erfolgreich zu prägen. Ihre Schöpfungswidrigkeit ist der Grund ihrer Machtlosigkeit. Ihr Untergang aber ist Gewalt und Leiden, das alle trifft, Christen und Neuheiden.

In der Phänomenologie des Menschseins ist die Solidarität aller Menschen in ihrer geschichtlichen Situation der Gottesferne zu bedenken. Diese Gottesferne wird bewusst und schmerzhaft im Horizont der verkündeten und bezeugten Zuwendung Gottes zum Menschen, wie sie in Jesus Christus offenbar wird als Gottes entschiedener Wille, sich mit seiner Lebensmacht durchzusetzen gegen die tödlichen Bestrebungen des Menschen. Christliche Predigt wird auch im Horizont der Rede vom zornigen Gott nicht zur Drohbotschaft. Sie bleibt Verheißungs- und Heilsbotschaft. Allerdings ist sie Verheißungs- und Heilsbotschaft nicht als eirenischer Indifferentismus, sondern als engagierter Protest, der letztlich getragen ist von der Liebe zum Sein und den Menschen, in der der Mensch die Liebe Gottes zu den Menschen mitvollzieht.

Register

Personen

Sachen

Bibelstellen